中国山水

CONTENTS 目录

特别策划
SPECIAL TOPICS

美丽河湖系列丛书

中国山水 1903

《中国山水》编委会
水利部综合事业局
水利部水利风景区建设与管理领导小组办公室 编

中国社会出版社
国家一级出版社 · 全国百佳图书出版单位

美丽河湖系列丛书
中国山水 1903
《中国山水》编委会
中国社会出版社

图书在版编目（CIP）数据

中国山水．1903 /《中国山水》编委会，水利部综合事业局，水利部水利风景区建设与管理领导小组办公室编．
北京：中国社会出版社，2019.11
（美丽河湖系列丛书）
ISBN 978-7-5087-6255-5

Ⅰ．①中… Ⅱ．①中… ②水… ③水… Ⅲ．①水利建设—风景区—介绍—中国
Ⅳ．①K928.4

中国版本图书馆 CIP 数据核字（2019）第 268936 号

丛 书 名：美丽河湖
书　　名：中国山水 1903
编　　者：《中国山水》编委会　水利部综合事业局
水利部水利风景区建设与管理领导小组办公室

出 版 人：浦善新
终 审 人：尤永弘
责任编辑：魏光洁
特约编辑：高于萍

出版发行：中国社会出版社　　**邮政编码**：100032
通联方式：北京市西城区二龙路甲 33 号
电　　话：编辑部：（010） 58124851
邮购部：（010） 58124848
销售部：（010） 58124845
传　真：（010） 58124856
网　　址：www.shcbs.com.cn
shcbs.mca.gov.cn
经　　销：各地新华书店

中国社会出版社天猫旗舰店

印刷装订：北京博海升彩色印刷有限公司
开　　本：210mm ×275mm　1/16
印　　张：8.75
字　　数：200 千字
版　　次：2019 年 12 月第 1 版
印　　次：2019 年 12 月第 1 次印刷
定　　价：46.00 元

中国社会出版社微信公众号

交流
EXCHANGE

CONTENTS 目录

品鉴
TASTING

92

110

上善若水
文化相随

山西省长子县精卫湖国家水利风景区

浊漳源头 精卫之乡

在中国远古神话中，以“女娲补天”与“精卫填海”最为有名，其中尤以“精卫填海”极具感染力。世人常因炎帝小女儿被东海波涛吞噬化成精卫鸟而叹息，更为精卫鸟衔运西山木石以填东海的顽强执着精神而颂赞。位于山西省长子县的精卫湖便是人们为了纪念这段美丽的传说，特以“精卫”命名的湖泊。

民族精神的象征

精卫湖水利风景区地处浊漳河南源、发鸠山东麓、长子县城西 7.5 千米处。发鸠山是上党名山，“精卫填海”故事中“常衔西山之山石，以堙于东海”所说的“西山”，即指发鸠山。《山海经·北山经》中说：“发鸠之山，其上多柘木。有鸟焉，其状如乌，文首、白喙、赤足，名曰精卫，其鸣自詨。是炎帝之小女，名曰女娃。女娃游于东海，溺而不返，故为精卫，常衔西山之木石，以堙于东海。漳水出焉，东流注于河。”

陶渊明《读山海经》诗曰："精卫衔微木，将以填沧海。刑天舞干戚，猛志固常在。"他把区区精卫小鸟与顶天立地的巨人刑天相提并论，一种悲壮之美，千百年来震撼着人们的心灵。沧海固然大，而精卫鸟坚韧不拔的精神更为伟大，这正是我们民族精神的一种象征！

远古之精卫造就了浊漳源头的青山秀水，北魏的文化也不甘落后，在美丽的精卫之乡落户、生根和传承。大南石村东西大庙就是历史的见证。它们从北魏时期走来，虽历经千百年风雨沧桑，但香火不断、信徒云集，执着地传承和发扬光大着佛教文化。现两座大庙已被列为重点文物保护单位。

整合资源 凸显文化

精卫湖水利风景区依托申村水库枢纽工程进行规划和开发，景区各类景观资源不是孤立存在的，而是互为补充、互为依托、相互影响、协调统一的有机整体。关于景观资源的整合，重在以下三个方面：

一是赋予景区以深厚的文化内涵，用文化这条主线将各类景观资源联系起来，并通过各种传媒的广泛宣传以及绘声绘色的现场解说等多种手段，引导人们形成一种固有的文化概念，使人们一提到精卫湖就想到尧天舜日。到精卫湖不仅仅是玩水、赏景、休闲度假，更是感受文化的深远，品味历史的悠长。

二是在景区规划上立足于"赏自然生态、探水韵奥秘、品历史悠长、享天人和谐"之理念，以"玩水赏景、休闲养生、观光度假"这样的定位对各类景观资源进行概念性的整合，充分体现"山水漳源、文化漳源"这样

一个景区形象主题。

三是以景区内部有形的水路和陆路交通为纽带将各景观进行科学的组织和连接，形成合理的游线。目前，水路交通体系比较完善，游船可通向各景观；枢纽工程区域的陆路交通网络已建立起来，溢洪道、主坝副坝、北吊桥、东吊桥等各景点已形成环线连接。现正考虑沿湖景观大道的开发。

精卫湖景区以深厚的文化为底蕴，结合现代文明与远古文化，让浊漳源头、精卫之乡变成诗情画意的西子湖畔。

三晋从来多名胜，上党自古天下脊。在上党盆地、太行山以西，有这样一个美丽的地方，它是中华始祖文化的发祥地，也是有着几千年历史的西燕古都所在地——千年古县，中国长子县。

这里冬无严寒，夏无酷暑，气候宜人，日照充足。这里，有国家级重点文物保护单位千年古刹法兴寺、崇庆寺，有迄今 2.5 亿年的仙翁山树化石群，有充满神奇传说的上党名山——发鸠山，还有列入国家非物质文化遗产名录的“上党八音会”和“长子鼓书”。就在这样一个美丽而神奇的地方，还镶嵌着一颗让世人更加眼前一亮的璀璨的明珠——精卫湖。

看山色空蒙 听渔舟晚唱

精卫湖依托海河流域浊漳河南源干流最上游的一座控制性中型水利枢纽——申村水库规划、开发和建设。景区总面积 4.18 平方千米，其中水域面积 2.87 平方千米。自从除险加固改造以来，各种水工建筑和周边的青山绿树、碧水蓝天自然而然融为一体，可谓是：细雨如丝看山色空蒙，黄昏日落听渔舟晚唱。目前，景区植被覆盖率达到 95% 以上，绿树掩映，遮天蔽日。湖中有青鱼、草鱼、鲢鱼、鳙鱼、鲤鱼、鲫鱼、鳊鱼等 10 多种常规鱼类，另有白条、河螺、河虾、泥鳅、螃蟹、马口等野生水生动物。

精卫湖岸线曲折，湖的南岸为岸线曲折的山地，北岸多为台地。岸线曲折的地形地貌构成众多大小不等的半岛和岛屿。南部水域曲水如带、山环水绕，北部水域一碧万顷。一处名为“张家湾”的水域是精卫湖最宽阔的地段，在其北岸有较大滩地遍布众多水生植物，有多种水鸟栖息，偶尔可见天鹅等珍稀动物。

拱桥晚照、半日衔山、落霞泄碧、秋水长天、漳水长虹、云卧群山、雪拢漳源已成为精卫湖十分诱人的 7 大天象景观。另外，工程景观中最不能错过的是看溢洪道放水，当巨大的闸门开启的瞬间，水流从闸底喷涌而出，煞是壮观，放眼望去，水流开始似涟，继而为瀑，随后就是一泻千里、惊涛拍岸。

与其他景观相比，湖心岛上更是一片生机盎然，远山近水、绿树田园、农舍炊烟相映成趣，微风徐来，水光

潋滟。那伫立于湖边的老榆树，春有春的优美、夏有夏的色彩、秋有秋的风韵、冬有冬的姿态，始终微笑着迎接八方来客。

景点各具风情

精卫湖特色景点包括八角亭、吊桥、大南石村东西大庙、石拱桥、屯绛圪嘴、鳖盖滩、八角沟—小东沟沿岸亲水文化娱乐区等。这些景点错落有致，各具风情。

八角亭又名水库落成纪念塔，是精卫湖景区标志性建筑，建成于 1958 年。它与精卫湖相伴走过了 50 余年，见证着精卫湖的发展。其上有多通石碑，详细完整地记载了水库建设过程中广大干部群众战天斗地、艰苦奋斗的精神和可歌可颂的时代风貌。现拟开辟为长子县爱国主义教育基地之一。

吊桥是精卫湖最吸引人的景观之一，凡到精卫湖的游人，两座吊桥是必看必走的，看着惊险、走着心悬，看过了、走过了，就有了“吊桥悬水面，惊煞天外人”的感受。抗日战争和解放战争时期，这里曾经是战场，太岳纵队司令员陈赓将军曾亲临这里指挥作战。站在吊桥上不由得让人浮想联翩，眼前似乎再现了“大渡桥横铁索寒”的战争场面。吊桥虽惊、虽险，但再来，还要走、还要看。两座吊桥均为大跨度柔性结构。主缆优美的抛物线形、高耸的钢筋砼塔架、在外力作用下微微晃动的桥面，远山近水吊桥在太阳的余晖下，呈现出一片喧嚣后的宁静。

位于湖北部水域上游的“屯绛圪嘴”壁立水中，高出水面近 20 米，像一根长长的旱烟袋。在湖中还有许多大小不等的沙洲，其中以南部水域的小南石湾“鳖盖滩”最具特色，形似鳖盖，当微风吹过湖面，犹如硕大的老鳖在蠕动，十分可爱。再加上美丽动听的传说，得来了“清明不戴柳，变成老黄狗；端午不戴艾，变成老鳖盖”的千年流传典故。

依水尽享怡然自乐

绵长雄伟的大坝临虹卧波，英姿挺拔的溢洪道巍然屹立，造型别致的水库落成纪念塔安详宁谧，身姿优美的吊桥可问苍天，精致典雅的办公区和别墅区显得那么和谐统一。精卫湖的美景，让人流连忘返。夏日里，许多游人前来游泳、垂钓、嬉戏，踏着坡坡坎坎的鹅卵怪石，听着蛙鼓齐鸣，怡然自乐，与那诗情画意的西子湖畔、烟波浩渺的洞庭之滨相仿佛。而游人惬意的享受，与景区办的不懈努力密不可分。

当前，景区已开发旅游景观 10 余处，建设游船码头 7 处，拥有 12 人快艇和 6 人快艇各一艘，手划船 10 艘，江南水乡特色木质机动游艇 3 艘，停车场有 3 处，专门开辟的摄影场地 2 处和垂钓场 3 处。其中最大的一个垂钓场在主坝后东南方向 200 余米，垂钓池面积 2000 多平方米，可同时容纳 50 人垂钓。同时，景区也配备有完善的监控设备和警示标志，可对景区全天候、全方位动态监控。水上游船驾驶员都经过严格训练并具备水上救护常识和救生能力。

精卫湖立志使景区环境再上一个新台阶，最大限度为游客提供吃、住、行、游、购、娱一体服务，立志形成布局合理、功能完备的国家级著名水利风景区。

江苏省连云港市花果山大圣湖国家水利风景区

大圣故里 神话仙境

“一部西游未出此山半步，三藏东传并非小说所言。”提起花果山，人们自然就想到文学名著《西游记》，想起智慧勇敢的孙悟空。而“骋目云台众山碧，放怀圣湖千叠蓝”印证了仙山有水才灵的古训，是花果山成就了《西游记》，而正是这清澈见底、风光如画的大圣湖成就了花果仙山。

花果山大圣湖位于中国万里海疆中部，新亚欧大陆桥东方桥头堡的连云港市城区境内、江苏省最高峰云台山山脉西峦，花果山山脚下，三面环山，常年云雾环绕，自然景观独特，植物茂密，树木成荫，花果飘香，景色宜人。湖东岸的佛家圣地海清寺依山傍湖，寺中阿育王塔近在咫尺，湖边是塔，塔边是湖，酷似亲密伴侣，相偎相依，妙趣横生。

大圣湖在很久以前只是人们饮水用的水塘。相传孙悟空大闹天宫时向东海龙王借定海神针当兵器，说好3个月以后奉还，3个月期满不见孙大圣还回定海神针，龙王便去花果山讨要。大圣赖着不还，带着猴子、猴孙们与东海龙王大战几百回合之后，将他赶出花果山，得胜之后便在水塘里洗澡、玩耍、嬉戏，后人称为“猴汪”“猴塘”。因为花果山位于海边，受海洋影

响，一年中很多时间都会有薄如蝉翼般云雾笼罩，古称“雾漫滩”。说来也怪，这“雾漫滩”，不管什么时候，不管是多大的干旱年份，始终有一股清泉流出，不枯不竭，滋润着花果山百姓，堪称神奇。

今日的花果山大圣湖“一波碧水平如镜，湖光山色交相映”，蕴含西游文化美丽的历史传说，倒映着佛塔古寺，又映衬着花果山等自

大聖湖
水利風景區

然景观；千亩茶园环抱南北，白天游人如织，晚上灯火辉煌，画舫凌波，桨声灯影，构成一幅如梦如幻的美景奇观。

靠近西南岸湖中心硕大一圆球状补水泵房，恰似含苞待放的莲花，令游人驻足观望、猜想，给大圣湖平添几分情趣。这是给市区居民供水和为大圣湖补水的双向通道。在莲花泵房的对面，一座昭示着佛教文化博大精深的古典牌坊“团圆坊”与莲花遥相呼应。该坊为纪念唐僧玄奘出生前，其父母陈光蕊和殷雪娇海州赴任过程中，历经生死别离后一家团圆而建。牌坊正面有一副对联：“紫气绕空无量游僧朝净界，祥云拂地有缘行旅会芳园”，牌坊上，刻有“骋目云台众山碧，放怀圣湖千叠蓝”的楹联，描绘了僧侣会聚传道、人民安居乐业，尽情享受大圣湖旷神怡志的美妙图景。

花果山大圣湖的正西方向，是雄伟壮观的水库大坝，人称伊人坝，又称情侣堤，它承载着人民群众太多的希望。50 多年前，为了这个大坝，人们倾其所有，不惜牺牲自己的家园甚至生命，多次加固、维护。如今，大坝成了造福百姓的象征。每当夏日夜幕降临，人们三五成群漫步在倒映着皎洁月光的大圣湖边尽情享受自然与人工合成的美妙图景。

1960 年，这里围潭筑坝，修建了水库，因水库地处国家 4A 级旅游景区花果山风景区大村，得名大村水库，后更名为大圣湖。2012 年，大圣湖景区成功申报国家水利风景区。

高山流水访“西游”

花果山大圣湖水利风景区所在城市连云港市，是一座风景名胜众多、历史文化底蕴深厚的旅游名城，集名山花果山、名海黄海、名泉东海温泉、名竹金镶玉竹、名石水晶、名书《西游记》为一体的城市，以名山真水闻名海内外。

位于连云港市城区花果山下的大圣湖，其名取自古典名著《西游记》中的“孙大圣”，水域面积 0.95 平方千米。东侧是千年古寺海清寺，九龙涧的山泉潺潺流入，水质清澈透明。景区内，自然环境优越，生物种类众多，动植物种类多达数百种。金镶玉竹以其全国特有的地域植物品种和边金边玉的形态，为人类展示其独特的生命力，堪称竹类活化石。由于大圣湖生态环境得到较好保护，鱼虾肥美，已成为候鸟的家园，每年都有成群结队的白鹭、大雁、野鸭等数十种飞鸟来此，它们不时嬉戏、觅食、自由飞翔，成为大圣湖一道亮丽的风景。湖中心的白鹭岛，便是白鹭的繁殖基地，每年 4—6 月的白鹭繁殖期，遍岛可见鸟蛋，还有不时试飞的小白鹭。这些动植物充分享受大自然和水资源的恩赐，尽情生长，展示一幅美丽动人的生态画卷。

沿湖边的圣湖路向上，便可登上江苏省最高峰玉女峰，鸟瞰大圣湖全景。站在玉女峰，往南向下看过去，7 条涓涓细流，伴随着清脆的水流声，直至一个模样俊俏的小水库。据传，这就是吴承恩笔下的天宫瑶池和 7 个仙女故事的创意。循着瑶池水流向下走，便是齐天大圣孙悟空的家——水帘洞。未见仙洞，先闻其声，水从天上来，形似瀑布，声如雷鸣，又极像珠帘，护住洞身，一阵微风吹过，“珠帘”随风飘动，令人称奇。取一把雨伞遮挡可进得洞中，幽深的洞身通向远处，洞中的所有物件，印证了《西游记》的精彩描绘。

四为秀水悟禅机

大圣湖西北侧鸡鸣山，远远望去酷似雄鸡报晓，似乎时时在告诉人们美好的一天已经开始了。遗址右下方百米之处涧沟旁有个“一瓢泉”，因容下一只瓢而得名。此泉汩汩涓水细流，常年不断，是寺庙僧人饮水好去处。遗址不远的地方，摩崖石刻曰：“山不高兮水不深，山田半亩倩龙耕；山中草寺无钟鼓，山上金鸡报五更。”描绘了旧时僧人过着自给自足的简朴生活和百姓依水而存的悠闲雅致的快乐时光。

海清寺中建于北宋天圣元年（1023 年）的阿育王塔，更是大圣湖景区的点睛之笔。据《海州志》记载，1668 年连云港地区发生 8.5 级郯鲁大地震，当地民房倒塌十之八九。但该塔至今不歪不斜，是国内保存最完好的阿育王塔。塔高 40.58 米，九级八面，塔身为全砖结构，东南西北均辟有拱状券门，每个侧面隐出直棂窗；中间塔心为八角形砖柱，可沿台阶拾级而上。明代顾乾《三十六景图》中称以“古塔穿云”；清代黄申瑾《二十四景图》中称之为“塔影团圆”，把塔的灵巧与秀美刻画得入木三分。寺庙正门，映入眼帘的是四根立柱，柱子上面是由著名作家撰写的楹联，其中一副上联是“灵塔摩云环拱青山参法界”，下联是“湖光盈寺四为秀水悟禅机”，把塔和大圣湖水景描绘得意境如现，惟妙惟肖。清代诗人程枞在《海清寺塔》中写道：“塔影凌霄逼斗牛，山深昼静梵宫幽。飞泉沫迸三时雨，古木阴寒六月秋。鹤去鹤来清唳远，花开花落暗香稠。逍遥物外人踪少，老衲谈经石点头。”把寺塔的和谐协调与周围水环境的自然之美，刻画得淋漓尽致。进入寺内，一幅长篇铜雕为世人展现了佛教起源，是佛教自连云港由海上丝绸之路西传进入中国的有力佐证。早于河姆渡文化的滕花落遗址那特有的圆形城堡，证明了连云港地区浓厚的史前文化底蕴。

多种渠道促发展

近年来，为了充分发挥水利工程的综合效益，连云港市水利部门与相关单位在大圣湖开发和利用方面形成广泛共识。与规划、建设、旅游等部门密切配合，将大圣湖纳入统筹规划、统筹发展之中，从而为加快景区建设打下了扎实基础。先后投资兴建大圣湖宾馆、赏湖鉴景和品茶设施；设置画舫、游艇，满足游客需要，增设巡逻艇和清污船，保证游客安全和水质质量；设立旅游超市，销售葛根、凤鹅、海产品、水晶等地方特产，满足游客购物需求。

连云港市市区水工程管理处在加大对大圣湖投入的同时，还加强对大圣湖水工程和景区开发的管理工作。成立花果山大圣湖水利风景区管理处和水库管理所，制定一系列管理制度，加强对水利风景区和水利工程的规范化管理；成立库区巡逻大队，加大库区的安保力度，强化湖区水行政执法；成立水法宣传小分队，与《苍梧晚报》、清洁海岸义工组织等社会组织合作，开展“保护水源、爱我大圣湖”万人签名活动，利用各种媒体广泛宣传《中华人民共和国水法》《防洪法》和加强景区管理的规定等相关法律法规，加深游客遵规守法的意识；邀请音乐家创作了歌曲《美丽的大圣湖》，增强宣传感染力，提升宣传层次。

江苏省如皋市龙游国家水利风景区

美了环境，乐了居民

“内外城河如项链，装点着美丽的古城，使我们的家乡更宜居。”如今的如皋人喜欢用这样诗一样的语言自豪地介绍自己的家乡。

时下，无论是漫步于碧波荡漾、风景如画的如城内外城河边，还是徜徉在清澈见底、鹅鸭戏水的乡村河道旁，人们常常会由衷地赞叹如皋古城蓝天碧水、清风宜人。这是如皋市龙游水利风景区着力提升人居环境和老百姓幸福指数的一个缩影。

2011 年底，龙游水利风景区被授予国家水利风景区称号，这是江苏省唯一由县（市）打造出的国家水利风景区。

景区总面积23.8平方千米，其中水域面积12.2平方千米。龙游水利风景区已成为如皋展现民生水利、生态水利的重要窗口，成为苏中乃至长三角地区又一旅游新亮点，为如皋区域经济和社会的发展注入了新的生机。

开发高品位的水利风景区，除了高起点的规划和高标准的建设之外，管理更是极其重要的环节。随着当地经济的飞速发展，如皋城区人口激增和大量污水排放，加之多年得不到疏浚，城河的水质日趋恶化，渐成蚊蝇滋生、臭气熏天的一潭死水。

污水直排直接影响了当地人民生活品质。为了做好民生工程，如皋市政府对沿河两岸小区实施雨污分流工程，建成了1座日处理10万吨的污水处理厂，所有污水全部纳管处理。自水利风景区创建以来，河道基本实现了“水清、面洁、岸绿”的治理目标。

为了巩固治理成果，市委、市政府在管理方式上实行“管护招标、经营招租、人员招聘”，建立了专职河道保洁员队伍，并落实了长效管理措施，费用由财政拨付，使龙游水利风景区的长效管理落到了实处。

谁说鱼与熊掌不能兼得，在资源匮乏、环境容量十分有限的条件下，从“既要金山银山，又要绿水青山”，到“今天的绿水青山，就是明天的金山银山”，如皋人的环保理念步步升华，确立了坚持走环保优先、发展与保护并举的环保之路。

龙游景区，以水为贵、倒影为佳，新颖别致，既秀且雅。景区以内外两环古城河和水利配套设施为依托，人文景观为点缀，滨河绿化带为机体，通过与大自然恩赐的龙游河互通，改善水质。并在如泰运河与外城河交汇处设置闸站，既解决了城区排涝问题，又控制了内外城河水位，形成了“二环映古今，一脉水灵秀”的水景观。

江苏省泗阳县泗水河国家水利风景区

古汉文化 人水和谐

泗阳，是闻名遐迩的泗水古国、杨树之乡。位于泗阳县城的泗水河水利风景区以泗水河和五里河为依托，利用周边自然资源，挖掘泗水文化底蕴。泗水河水利风景区，全长3000多米，将历史文化与自然景观紧密结合，彰显特色，既具有丰富的文化底蕴，又营造了水景观、水环境、水生态、水文化，构成景区水清、岸绿、古韵、新姿的景观风貌。

有“平原林海，世外桃源”美誉的泗阳，历史悠久。境内发现龙山文化和青莲岗文化，出土文物有磨制石器及多种陶器，说明这里与其他地方一样，昭示着中华民族五千年的文明史。泗阳，置县始于周而定于秦。汉武帝元鼎元年（前116年），汉武帝刘彻辟淮泗，建泗阳县，因位于泗水之北，始称“泗阳”。武帝元鼎三年（前114年），汉武帝刘彻将本已列入东海郡的泗阳、凌、于三县别出，置“泗水国”，封其侄刘商（常山宪王刘舜的儿子）为泗水王，泗水国都城所在地为今泗阳县史集街道办凌城村（位于泗水河北岸约4千米处）。泗水国都城的设立，昭示着这片土地在历史上的昌盛与繁荣，浓缩着中华民族厚重的历史。

泗阳既是古泗水王国都城所在地，也是中国八大名酒之一洋河大曲的出产地。泗水河南岸一处小品雕塑中的老者右手高高举起酒杯，向人们倾情诉说名扬中外的洋河大曲的美妙趣闻。洋河酒都起源于唐代，明末清初，史可法抗清到洋河，用洋河大曲犒赏三军，军威大振。乾隆皇帝下江南多次驻足洋河，畅饮洋河大曲，赞道“酒

天后宫

中国杨树博物馆

味香醇，真佳酒也"，并把洋河大曲列为皇室贡品。清朝著名文学家曹雪芹曾喝得酩酊大醉，写道："飞鸟闻香化凤，游鱼得味成龙。"当代著名学者、书法家启功先生写诗赞道："早闻佳酩出洋河，一饮琼浆发浩歌。添得少陵诗料富，仙人第九席中多。"如今，老者一边品酒一边在酣醉中给孩子们讲述着美酒佳酿的来历。

自古泗阳人文荟萃，才贤辈出，历代名流雅士青史流芳。宋代抗金英雄刘世勋死后葬于古城城厢西侧小桃洲上，人们以寄哀思，为其修庙堂，宋高宗为表彰刘世勋丰功伟绩，敕封为"真君"之号。清乾隆皇帝亲笔写下"大宋敕封通天彻地刘真君之墓"。明代卢延兰是纺织机品改革者，江南机坊多设像祭祀，奉为"卢祖"。中国地理学创始人张相文，中国第一个数学博士胡明复，第十一届全国政协副主席、中国文联荣誉主席孙家正等，都生于斯、长于斯。

泗阳境内风景区名胜众多，现有三庄汉墓、泗水古城、穿城古井、程道口遗址、福华塔、古运河水岸、天后宫、梵音寺、爱园烈士陵园、城市森林公园、生态公园等多处历史遗迹、文化景点。

坐落在泗水河北部西岸的福华塔，飞檐翘角、黛瓦朱栏，成为城北一道壮丽的风景。塔高38米，共7层。该塔建在主城区地面最高位置，登高远望，近看城市风貌，远望田野风光，可谓美不胜收、风光无限。向西北4000米处可瞭望到2000多年前的泗水国都城所在地陵城，9000米处可瞭望到泗水王陵（三庄乡夫庙村）遗址，让人浮想联翩，魂牵梦绕。

天后宫位于泗水河东岸，整体建有前后两幢，临街面（骡马街）的叫前庙。前庙东壁砖雕"河清"，西壁砖雕"海晏"；"河清""海晏"，乃预祝"天下太平"之意。主体建筑称后殿，规模宏大，雕梁画栋，砖凿石刻，小瓦飞檐，殿宇辉煌。院中高达9.9米的巨大石雕妈祖神像，面慈目善，神态安详。相传大庙落成后，人们膜拜三天，可谓盛极一时。天后宫又称天妃宫，祭祀的神像，相传为宋代福建莆田湄洲林氏女，名默。她是掌管海上航运的海神，好善乐施，常只身抢救海难渔民，援助渔业，功德无量，是沿海地区人民心目中的保护神。

"胜日寻芳泗水滨，无边光景一时新。"泗水河水利风景区的美，在人文、在绿色、在自然的宁静、在纯净的空气。徜徉在泗水河边、五里湖畔、杨树林中，可品尝特色美味、欣赏无边风景、感受最纯正的古汉遗风。

江苏省盐城市大纵湖国家水利风景区：

忠孝美德 水乡泽国

盐城市大纵湖水利风景区以大纵湖和步湖路防洪圩堤等水利工程为依托，由东向西依次展开，宛如一幅悠长的画卷。大纵湖形成于南宋时期，距今已有800多年历史，是苏北里下河地区现存自由水面最大的湖泊，素有“水乡泽国”之称。大纵湖以良好的湖荡湿地风光和隽永的历史文化而独具魅力。

“百德孝为先”，中华民族自古以来就崇尚文明，“孝德”千百年来一直大放异彩，为中华文明的精髓。在水乡大纵湖,"宗保救母""王祥卧冰求鲤"等动人传说将中华民族的传统美德演绎得淋漓尽致。

相传大纵湖原为东晋城，东晋城内有一位十分孝顺母亲的少年宗保，在天地一声巨响、洪水汹涌而来时，背着双目失明的母亲飞跑，直至上气不接下气、无力再跑的时候，母亲劝他歇口气再跑，他才停下。说也奇怪，他回头一望，东晋城不见了，变成了汪洋一片的湖水，从此东晋城就变成了大纵湖。

1929年大旱期间，湖底曾发现了许多锅灶、城墙砖、罗地砖、瓷瓦罐、坛子等，还看到一根短旗杆和街道、古井及墙基的残迹，这些考古发现皆与此说相印证。

"二十四孝"中第十八位孝子王祥卧冰求鲤的地方也在大纵湖。据传王祥为给病重的母亲食用鲜鱼，寒冬腊月卧于大纵湖冰上，用体温融化厚厚的冰层，孝心感动上天，得以偿愿，被列为"二十四孝"之一。"卧冰求鲤"中的主人公王祥，在大纵湖隐居20余年，后来从温县县令做到大司农、司空、太尉。至今，湖畔仍有王祥卧冰处的遗址。大纵湖景区在"王祥卧冰求鲤"处重新刻石，并将"二十四孝"中其余二十三孝一并勒石，形成"二十四孝"石碑林。其碑名均由盐城书法名人书写，旨在弘扬中华民族传统的忠孝美德。

自古以来，大纵湖就是盐城的名胜。"平湖秋月"为古盐城八景之冠，如今，"纵湖秋色"又被列为"盐城新十景"之首。这里不仅物华天宝，更兼人杰地灵。三国名士"建安七子"之陈琳、明末清初的大书法家宋曹皆生于斯、长于斯，留下了光耀千秋的史迹。而"扬州八怪"之一、当年在大纵湖畔坐馆授徒的郑板桥更留下了千古佳话。

秀静灵雅的自然景观与高深幽远的人文景观交相辉映，坐落于大纵湖历史人文区的宋曹纪念馆、板桥书屋，重建于樱花大道北侧的"七子岛"，矗立在芦荡迷宫以北的龙兴寺、兴湖塔、水月观音等硬质文化景观，为大纵湖水利风景区带来了深厚的历史人文底蕴。近400年历史的水上名刹龙兴寺历经沧桑，几经兴废，香火依然旺盛；高达25米的苏北水乡第一佛——水上观音圣像，彰显出佛教文化的无限魅力。已取得吉尼斯纪录认证的世界最大的水上"芦荡迷宫"魔幻般的美景每年都吸引了数十万游客前来探秘，"芦荡氧吧"令游人流连忘返。

面积达30余平方千米的大纵湖，是苏北里下河地区最大、最深的湖泊，为盐城百万市民生活饮水的源头，具有调蓄洪水、向下游供水、渔业养殖、生态保护、旅游开发等综合功能。在大纵湖水利风景区，既可以赏水利风貌，又能游览别具水乡特色的自然景观，还能领略诸多人文景观，实现了自然风光与人文景观的和谐统一，从而营造出赏心悦目的水生态景观和历史人文景观，形成了集观光游胜、亲水健体、访古探幽、求福祈愿于一体，具有强烈时代气息的旅游精品。

贵州省剑河县仰阿莎国家水利风景区

黔东风情 民族融汇

现在的仰阿莎水利风景区是苗族神话中仰阿莎女神出生的地方。仰阿莎是苗语译音，意为“清水姑娘”。传说中的仰阿莎，勤劳勇敢、美丽善良，她大胆追求爱情，却被骄横富有的太阳骗去成婚，过着孤独的生活。后来，她勇于追求新生活，与勤劳勇敢的月亮相恋、私奔，最后终于过上了幸福美满的生活。千百年来，清水江沿岸，苗族人一直都传唱着赞美仰阿莎的苗族古歌，仰阿莎是苗族人民心中的女神，她的形象反映了苗族人民对自由美满爱情生活的向往和追求。

位于贵州省东部剑河县的仰阿莎湖水利风景区，因国家“十五”计划重点水利工程清水江流域修建的三板溪水电站而形成。三板溪库区电站大坝 2006 年建成，坝高 185.5 米，为国内第二、世界第三高坝。仰阿莎湖景区是三板溪电站蓄水形成的山区淡水

湖泊，主航道有130千米，支航道有120千米。平均水面宽360米，最宽水面1500米，总面积85平方千米。仰阿莎湖水利风景区地处锦屏、黎平、剑河三县境内，是南线北线旅游的中转站，也是贵阳、凯里、铜仁、怀化的旅游驿站，连接着各景区的中枢，整个景区湖连湖、景中景、山外山，山水相映，加上完好的自然生态和浓郁的民族风情，成为贵州旅游文化中的新亮点。

仰阿莎湖水利风景区有汉族、苗族、侗族、水族、瑶族五个民族，苗族和侗族等少数民族人口占总人口数的98.6%。作为湖区内主要居民的苗族、侗族人民，其民族自身独特的生活习俗，形成颇具特色的生产、生活、信仰、文化社交、节庆、民俗、饮食、婚恋等民族文化景观。如世界独一无二的苗族锡绣，古老的侗族婚俗，古歌嘎百福，原生态巫交木鼓舞以及丰富多彩的民族民间特色饮食文化和手工艺品等。

景区内山地植被良好，湖光山色，民族村寨点缀其中，沿湖游赏，具有美感神韵。原先由于地处深山难得一睹的原生态苗侗村寨、罕见的原始植被由于水位的上涨变得轻松可达。苗族姊妹节、鼓藏节、苗族锡绣、苗族刺绣、红绣、侗族三月三等精彩民俗风情也都能一览无遗。

尽管历史在变迁，岁月在流逝，但几千年来，苗家人特有的吊脚木楼、丰富多彩的民族民间文化、古朴的民风民俗在这里依然留存完整。寨内苗族绝大部分妇女都着苗装，讲苗话，行苗习。深邃的仰阿莎情歌、苗族酒歌、叙事古歌、建房歌在这里传唱，古老的民俗在这里传承。

展留村位于仰阿莎湖东岸，距离仰阿莎湖2.5千米，坐落在海拔800米的半山腰上，有9个村民组，

共 150 户 600 余人，均为龙姓人家。“展留”意为较平山上的大寨，全寨苗族同胞祖祖辈辈保持“以歌养心、以舞养身、以酒养神”的独特方式，生活在人与自然非常和谐的原始森林环境中。其独特的苗族双层吊脚木楼，优美的芦笙歌舞，风味独特的地方食品，古老的民风民俗，热闹的民族节日，颇具旅游吸引力。展留村依山而建，村后青山耸立，四周古树参天，村前层层梯田直抵清水江边，风景秀丽，生机盎然，是人与自然和谐的典范。

巫包苗寨位于仰阿莎湖东岸，已有近 500 年的历史，是一个拥有 200 多户、1000 多人的古老苗寨，苗语称“Oub bud”（欧布），是苗语转音，意为有山包的水边。巫包享有“苗族红绣第一村”的美誉。穿着红绣服饰的姑娘们被人们称为“红色娘子军”。红绣服饰有男女老少之别，每套服装都分有头饰、衣饰、裙饰、脚饰四部分；从功能上分有春装、冬装、盛装几种，尤其以盛装最为引人注目，一套盛装可陪伴苗家女子终生。

久吉最具特色的地方是看它的建筑。久吉的建筑有三大特色：第一个特色是房子皆为苗家特色木房，一层到三层，有窗、有栏、有阳台，内有一对牛角置正堂中作装饰，上住人，下放物；第二个特色是家家户户房屋都覆盖清一色的木皮，猪牛圈、粮仓、凉亭小卖部等都覆盖木皮，颜色一体，使整个村寨呈现一种原始状态，原生态就从这里体现；第三个特色是久吉的粮仓布置得很规范，基本成一条线形，而且粮仓的结构都是两层三间，旁有一小木梯，形状大小保持一致，排列整齐，具有很高的艺术价值和观赏价值。也正是因为这三大特色，久吉于 2010 年 8 月被国家提名为世界文化遗产保护村寨。

陕西省太白县黄柏塬国家水利风景区

秦风蜀韵 红色文化

大秦岭南麓腹地的黄柏塬水利风景区集秦风蜀韵于一身，包含积淀了深厚的文化底蕴。早些年，曾有许多先民从河南、湖北、安徽、四川、甘肃等地迁入此地，所以说黄柏塬是一个文化大融合的地方，汇聚了巴蜀文化和秦陇文化。这里的人们既讲悠扬婉转的四川话，也可以说浑厚圆腔的西北话。

最早的时候，黄柏塬叫作皇柏塬。蜀汉争雄，它是蜀国通北的咽喉要塞；公元 243 年，魏将曹爽几次率军伐蜀至此；公元 257 年，蜀将姜维继承诸葛亮遗志领兵伐魏，经此地驻军青龙寨。大唐王朝为了保卫京城长安，特意在皇柏塬一箭之隔的周至老县城设立长安戍，在皇柏塬遍植黄柏，建造皇家驿栈。诗仙李白跋涉傥骆道前往长安途经黄柏塬，醉墨当歌，“西当太白有鸟道，可以横绝峨眉巅”；诗圣杜甫从长安经傥骆道过黄柏塬去四川做官，面对苍茫鳌山慨叹，“犹瞻太白雪，喜遇武功天”；清朝乾隆皇帝微服私访到汉中途经这里，钦赐皂角湾许玉书为“国学六品”，如今皂角湾的“许家大墓”可为凭证。

黄柏塬还是红军走过的长征路。1935 年、1936 年，红四方面军、红二十五军三次在秦岭山中艰苦转战，击溃国民党胡宗南、刘恩茂部的围追堵截。红军沿傥骆道经黄柏塬，一路上秋毫无犯，纪律严明，白天在崎岖的羊肠小道上跋涉，晚上露营在岩洞密林荆棘之中；太洋公路旁，就有当年红军夜晚露营的“红军洞”；在皂角湾，当年刷写在土豪祠堂墙壁上“春荒到财东富豪家里去分粮食吃！”的标语，至今还被当地人民保护得非常完好。到黄柏塬旅游，是一次深刻革命教育，更是一个别样的红色旅游。

黄柏塬水利风景区位于太白山西南角，太白县东南方，总面积 896 平方千米，森林覆盖率达 98%，汉江水系二级支流湑水河穿境而过。景区内，傥骆古道、青龙寨、贵妃潭、红军洞、红军标语纪念馆、许家大墓、拦河坝遗址、皂角湾茶园、二郎坝小江南风情区、皂角湾千年银杏树、皂角湾稻田等文化景观星罗棋布。

为了塑造原生态文化品牌，近年来，黄柏塬水利风景区深入挖掘傥骆古道、唐文化、三国文化、陕南文化等文化内涵。借助多姿多彩的节庆活动，凝聚发展合力，成功举办的“金秋红叶节”“黄柏塬·陕西诗会”“走进黄柏塬”大型摄影展等活动，为黄柏塬风景区的未来发展提供了强大能量。

如今的黄柏塬，灰瓦、白墙，屋檐翘翘廊檐宽长。郎坝的水田一片一片闪烁如明镜，插秧的姑娘三三两两排对排唱着婉转的陕南民歌。翠绿的竹林、亭亭的棕榈、高耸的芭蕉树颇有一番南国风韵；喷着湿漉漉水汽的灰色水牛悠闲地在水田里耕耘，营造出一种令人沉醉的田园风味。摘上一捧木耳，采一篓树叶做出山野风味的“神仙豆腐”，火塘里炖出腊肉猪脚棒，土蜂蜜和上黄柏塬独有的“迷溜溜”烧酒，就着原生态的农家菜肴拉起家常，恍如置身于神仙境界。

管理之道成就渭水之央

——陕西省宝鸡市渭水之央国家水利风景区

阳光洒在碧波荡漾的湖面上，映照得湖水五光十色。移步换景，四季不同：西湖雨景、金渭湖晨曦、渭河晚霞，以及南观秦岭积雪，不论何时，景色都迷人醉煞人。陕西省宝鸡市渭水之央国家水利风景区的醉人美景，吸引着各地游客在此流连。

景区资源主要由渭河流域秀丽的水景观和现代工程景观组成，资源种类丰富，景观组合度高。既有独具特色的水景观以及地文景观、天象景观和生物景观资源等多种自然资源，还有展现辉煌现代文明的现代工程景观资源，集自然风光与工程景观于一体，景点众多，分布合理，是一处大型综合性水利风景区。

最美和谐景观

景区以渭水为统揽，由一个景观带、五大景区组成，与沿岸若干景点相串联，而景区的工程景观规模宏大、造型优美，为自然美景增添了绚丽风采。

景区以水文景观资源为主，在渭河及其支流之上建成的巨大的人工景观水面，形成了“两条林带，多处水面，城在林中，水在城中，依山傍水”的城市生态水利景观。这里有宽广的渭河水面、宝鸡峡水库（西湖）水域风光、气势浩大的宝鸡峡引渭总干渠人工河道、渭河“四湖”人工景观水面，以及六川河、清姜河、金陵河、茵香河、清水河、千河等支流自然风光。

因地处秦岭北麓的丘陵山区与关中平原过渡区，渭水之央景区既有层峦叠嶂的山峰丘陵，又有广阔无际的平原，湖光山色，风景独绝。主要有以黄土台塬为大背景的宝鸡峡峡谷、山体景观，以石鼓山为代表的秦岭北麓连绵起伏的丘陵景观，渭河沿岸沃野千里的关中平原，渭河湿地、千渭之会湿地等湿地景观。

水利风景区除了风景美，还少不了工程景观美。渭水之央景区西端有宝鸡峡水利枢纽工程，依托此工程建成“西湖”。中部有建立在清姜河、金陵河、龙山河及渭河之上的三座橡胶坝和一座拦水闸，在非汛期拦河蓄水形成金渭湖、金陵湖、炎帝湖、龙山湖等 276 万平方米的“四湖”景观水面。还有横跨渭河之上，连接两岸交通的十余座公路桥、索桥吊桥等。其中，新世纪大桥、渭河大桥、景观索桥、石鼓山廊桥及蟠龙大桥等造型奇特，颇具景观价值，引人注目。在渭河南岸河堤建立的防洪纪念碑是新的城市标志性景观，用以纪念宝鸡人民治理渭河防洪抗洪的英勇事迹。

生态环境保护度高

经省市有关部门和专家对渭水之央水利风景区水文气象、地质地貌、水体、植物植被、大气、土壤、噪声等一系列环境因素的广泛综合调查，认为景区河流水系发育良好、湖泊水面宽阔，林草覆盖率高，大气质量良好，区域总体环境质量符合国家水利风景区要求，各项指标均达到了有关监测部门的标准。

景区水域面积辽阔，水体质量良好，清澈、无杂质，对渭河各断面采样点水质监测均符合《地表水环境质量标准》(GB3838-2002)Ⅲ类标准。渭河及其支流沿岸工业、农业及生活污水严禁直接排入河道，经过集中净化处理后，严格按照相关标准达标排放。经过整治后清姜河城区段水质污染已得到有效遏制。

景区处于城区渭河沿岸，水土流失状况主要存在于景区最西端的宝鸡峡水库和六川河区域。为了保护宝鸡峡水库水质，保持水土、涵养水源、发展经济，连续多年对库区进行绿化。在水库塌岸区营造防浪护岸林带，这些区域形成了一定规模的水土保持林带，发挥了较好的固岸护坡作用。在六川河流域开展了以水保生态治理为目的的六川河生态区建设项目，对改善流域两岸水土流失状况效果明显。景区渭河上游水保工程的实施对减少渭河泥沙量成效显著。水土流失综合治理取得显著成效，水土流失综合治理率达到95%。

景区植被植物属暖温带落叶阔叶林，植被多为旱生草灌，以菊科与禾本科类最为广泛。植物资源丰富，生长茂盛。宝鸡市渭河沿岸植被优良，因而空气清新，对人体有益的负离子含量很高，达到环境空气质量标准二级。渭水之央国家水利风景区自然生态系统完整，生态环境保护度高，质量优良。

旅游设施建设完善

渭水之央国家水利风景区基础设施完善，具备规模旅游接待能力。景区供电设施与宝鸡市电网对接，通信网络设施覆盖全景区，供水系统与市政管网相连，确保景区正常运行。

服务设施 景区旅游服务设施种类齐全，方便游客游览。各大景区、景点均在入口的醒目位置设置有导游图，在景区内各主要路口设有导游标识；餐饮、购物、住宿等服务设施完备，并且具备一定规模的接待能力；景区还设有医疗救护站，能及时对游客提供紧急医疗救助，保证游客的健康及安全。

游乐设施 景区开展的游乐项目种类众多，主要有水上项目和陆上项目两类。“四湖”沿岸设有码头，有游船、快艇、摩托艇等水上游乐设施，并配备有安全防护设施。儿童公园、渭河水上乐园是休闲度假的好去处，摩天轮、海盗船、碰碰车等多种游乐设施可供游人游玩。

环境容量 依据本景区的景观特色、面积规模、地形地貌特征以及各主要景点旅游服务设施的环境容量，确定景区旅游环境的瞬时日容量为48450人次。根据景区的气候特征和区位条件等，确定全年可游天数为300天，年环境容量为1454万人次。

规划先行管理有道

考虑到景区的实际情况，《渭水之央水利风景区总体规划》中所有开发建设均以保护水资源、保护各项水利工程设施，保障水工程正常运行为前提。渭水之央景区现由宝鸡市渭水之央水利风景区建设管理办公室直接管辖，目前，景区各项管理制度完备，工作人员职责分工明确，各项工作开展顺利，机构运行状况良好。

资源管理 渭河水体既是渭水之央景区风景资源的主体和景观资源的基础，又是下游灌溉用水的水源地，所以，防止水质污染，保护渭河两岸植被是资源管理的重点工作。

安全管理 渭水之央景区各项水利工程设施均经过验收合格达标，能够确保正常、安全运行。设有众多安全警示牌，各项游乐设施均有安全措施，配备消防设施，对工作人员进行消防知识培训。景区内有专职保安人员进行不间断巡逻，维护治安和景区正常的游览秩序，对紧急事件可现场处理，如果出现任何安全事故，可马上启动景区安全应急预案，及时展开各项营救工作。

卫生管理 制定了严格的卫生管理制度、个人卫生管理制度等，从业人员均持有健康证。景区内均为水厕，有专人负责，定期对公厕和公共场所进行消毒，生活垃圾集中堆放，统一处理。

服务管理 对各服务项目制定了严格的管理制度和措施，明确了各岗位人员职责，对工作人员进行岗位培训，定期进行业务学习，提高人员综合素质，保障了服务项目的正常运行和整体服务水平的提高。

筑“一廊两带”新格局

——辽宁省沈阳市蒲河国家水利风景区

松辽平原上的蒲河，这条形成于数千年前的长河，流淌着的是历史，荡漾着的是文化，彰显的是无尽的激情与魅力。如今，景区突出水域景观特色，因地制宜实施拓水造湖、修建拦河蓄水工程，挖掘文化遗产，重点实行保护措施，改善水生态环境，实现水土保持历史性突破。

沈阳市蒲河水利风景区的建设工作实行的是全市统一规划、统一审批、统一管理的模式。目前已经拉开沈城“南有浑河、北有蒲河、金廊居中”的“一廊两带”发展新格局。随着《蒲河生态廊道建设总体规划》的实施，蒲河沿岸发生了巨大变化，建设成为集水文景观、地文景观、天象景观、生物景观、工程景观、文化景观于一体的综合性水利风景区。

天生丽质

蒲河生态廊道建设在景观风貌上呈现的是生态的兼容性和景观的连续性，依山造势、依水造情、依城造景、依田造境、依野造趣，形成以自然与生态为核心的景观生态廊道。水景上，河、溪、湖、塘、洲、岛俱全；绿化上，遍植蒲草，再现蒲河两岸蒲草丛生特色景观。

蒲河生态廊道建设至今，全线生态环境明显改善，河道经过疏浚拓宽和修建蓄水建筑物，全线近180千米水面相连，水域面积达4.2万亩，蓄水量达8500万立方米。在拦河蓄水、改善人居环境、涵养地下水源、提升城市品位方面发挥了重要作用。

随着沈阳城市化进程的逐步加快和市区面积的扩大，蒲河水利风景区已被纳入总面积1230平方千米的城市核心区域，与浑河水利风景区遥相呼应，通过“金廊”这座黄金纽带与蒲河水利风景区连通起来。在沈阳的城市发展中，蒲河水利风景区必将带动城乡一体化发展的景观城市内河，构成“一廊两带”的发展新格局。

景区实现了水在城中、楼在树中、人在绿中的人间美景，充分体现了人与自然和谐发展，形成一处新的、独特的、充满文化色彩的综合性水利景观园林。

景区的朝晖、晚霞、雾凇、雪景等多种天象景观交相辉映，变幻莫测，使得景区四季适合观赏与出游。蒲河景区内烟雨蒙蒙，蒲苇苍苍，微雨中的蒲河宛如墨迹犹湿的画卷，更添自然清新的无限韵致。

景区绿化在最大限度地保留原有植被的基础上，以乡土树种为主，同时加入多种水生植物，营造出优美的绿地、湿地景观。蒲河全线已完成18个景观节点、河流两侧500米范围内65个村庄、景观路、堤防外侧，以及两堤间滩地的绿化。如今的蒲河生态廊道，绿带连绵，数十种乔灌草和湿地植物汇聚，成为一个十足的北方植物王国和绿色科普长廊。

此外，景区内河道整治、引水和拦蓄水工程的建设实施更是改变了蒲河断流的过去。景区内河道新建、改建重点段拦蓄水建筑物16处，整治河道92.6千米，建成春晓、夏花、秋月、冬雪、天乾、地坤、人杰、平湖望月、御林叠翠9座湖泊，近180千米长水面相连，蒲河水面面积达到5万亩，蓄水量达到8500万立方米。

科学分区

蒲河水利风景区开发建设在结构上形成“珠链式结构”，即打造了“一河三湖多湿地、两岸六区十八景”的景观。

“生态廊道、沈阳之‘虹’”。这一建设的核心理念彰显出“自然、多彩、连通、愿景”四大特征，实施修复蒲河生态系统，建设自然景观环境；统筹流域城乡发展，彰显魅力城乡生活；建立区域连通纽带、优化城市发展空间。估算总投资30余亿元的蒲河生态廊道建设以生态保护和集中、集聚为原则，规划河道宽度30—100米，两侧绿化平均宽度80米。

“一河三湖多湿地、两岸六区十八景”，景区开发建设按照“珠链式结构”理念设计，用一河穿起了沈城北部风光。“一河”，即景观生态河；“三湖”，即秀湖、丁香湖和珍珠湖；“多湿地”，即沿线多处生态湿地；“两岸”，即沿河两岸生态环境建设；“六区”，即秀湖风景区、蒲河新城区、都市农业示范区、珍珠湖风景区、近海新城区、河口生态涵养区；“十八景”，即望滨段、蒲河南桥、大望湿地、大桥湿地、蒲河大道桥、道义段、平罗段、马三家段、集体桥段、四连站桥段、乌牛堡子湿地、王家河套段、东升堡段、林子湿地、人和桥段、省道304桥、近海绿洲、化家桥段18个重要的景观节点。

保护环境

过去，由于历史原因和时代变迁，蒲河流域河床宽而不稳，滩多水少，沙随风起，加之污水直接入河，环境污染严重。

近年来，随着《沈阳蒲河生态廊道建设总体规划》的实施，实现了蒲河泉河段水质达到地表水Ⅳ类水体标准，其中秀湖达到Ⅱ类水体标准，珍珠湖达到Ⅲ类水体标准。为加强污水治理，新建9座污水处理厂，管网铺设300千米。治理污染企业80家，关停污染企业56家。

蒲河生态廊道是沈阳市水土保持工作开展的重点监督区域，沈阳市提出“生态化、景观化、城镇化、产业化”的战略目标，实现蒲河全流域综合治理改造。

沈阳市蒲河流域的综合治理注重水土保持项目建设，开展大面积植被种植，取得了良好的社会与生态效益。据统计，蒲河流域综合治理成果显著，实现林草覆盖率高达98%，水土流失综合治理率达100%，各项指标符合国家级水利风景区评价标准。

宽阔的蒲河绿带延绵，两岸夹荫，与清澈的河水交相辉映。蒲河绿化在最大限度保留原有植被的基础上，植入了数十种乔、灌、草和湿地植物，新增绿化面积 9.75 万亩，植树 1848.5 万株。

蒲河流域综合治理终见成效，多年已消失的珍贵鸟类重归蒲河，天鹅、白鹭等在水中嬉戏、栖息，取得了较好的生态效益，得到资源的可持续发展，满足人们对“绿”的渴望，对“亲水”的要求。

建设景区

蒲河悠久的历史、深厚的文化底蕴，为该景区提供了有利的历史人文资源条件，具有极好的开发前景。城市中的水体不仅是一种自然景观，更蕴含着丰富的文化内涵，是自然要素，也是一种文化遗产。景区在项目规划之初，就定位于体现沈阳新的形象聚焦点、园林景区绿化的典范，成为集水文景观、地文景观、天象景观、生物景观、工程景观、文化景观于一体的综合型水利风景区，使之成为观光旅游胜地。

蒲河水利风景区的管理机构为沈阳市蒲河生态廊道建设领导小组办公室。蒲河景区的管理实行属地化管理，由蒲河办负责日常行政事务的管理，具体事务由相关各区实施管理和设施的维护工作。各区（县）市建立起科学的蒲河景区管理体系，使得 179.7 千米的蒲河景区全面实现了科学化管理，确保了蒲河生态廊道的经济效益、社会效益、生态效益发挥。

各区（县）市蒲河办通过市场运作建立了蒲河养护管理处、蒲河监察管理处和行政执法大队，全面做好蒲河流域的水体、绿地、广场及市政设施的保洁和保安工作。

沈北新区搭建了“蒲河生态廊道数字化运行

管理平台”。 建立了蒲河管理调度中心，安装了46处监控点，通过运用先进信息技术、全过程的生态廊道运行管理信息化支撑体系，实现蒲河生态廊道洪水调度、水资源优化配置、闸坝运行、湖泊和重点段河流、重要节点水质及绿化工程自动化监管与维护目标，构建蒲河生态廊道全覆盖、高效率、数字化的长效管理。

景区根据蒲河周边资源特点“依山造势、依水造情、依城造景、依田造境、依野造趣”，对蒲河的特色景观风貌进行分区，分为山水风貌区、郊野风貌区、田园风貌区、新城风貌区、人文风貌区。

山水风貌区注重营造丰富的生态景观，绿化以幽静、素雅、古朴的景观效果为主，形成针、阔叶混交林。

郊野风貌区注重营造生态自然、环境清幽的景观效果。以自然、生态、野趣的景观效果为主，以秋色叶树种为主景与常绿针叶树为背景组成混交林；在湿地成片种植菖蒲、芦苇等水生植物，形成湿地景观。

田园风貌区注重以自然风光、田园风光、农家生活体验为特色，以春花树种与农作物相搭配营造富有野趣的田园风情。

新城风貌区通过多彩的活动展示多元的新城形象，营造多样的滨水空间，为城市公共活动与休闲活动提供广阔的场所。以欢快、热烈、色彩多变的景观效果为主，绿荫树木和花灌木相搭配，创造郁郁葱葱的林相空间。

人文风貌区以湿地生态为基础，民俗文化为灵魂，打造人文生态观光休闲、度假置业、文化创业产业等复合的人文生态风景。以芦苇、蒲草、荷花等具有浪漫主义色彩的种植为主，营造富有情感、引人入胜的环境氛围。

原生态中有内涵

——江苏省无锡市长广溪湿地国家水利风景区

无锡市是一个因水而兴、因水而秀、因水而美的城市，长广溪湿地水利风景区所在的滨湖地区位于无锡市西南部，南依太湖，陆地面积264.62平方千米，水面积342.92平方千米，常住人口69.12万人，地区生产总值585亿元。这里既是无锡的后花园，诗意栖居的水天堂，也是无锡新兴产业的孵化地，科技创造的价值洼地。辖区内水系纵横，河网密布，绘就了一幅水墨江南的如诗画卷，而长广溪就是画中的点睛之笔。

生态环境 重保护

无锡属亚热带季风海洋性气候，温和湿润，四季分明，年平均气温15.5℃，年平均降雨量1000毫米，受太湖水体和宜南丘陵山区复杂地形等的影响，局部地区小气候条件多种多

样，具有南北农业皆宜的特点，作物种类繁多。景区通过营造多样的植被群落和生境类型，共种植梓树、湿地松、榔榆、樱花、国槐、水杉、香蒲、芦苇等 288 种植物，吸引着白鹭、绿头鸭、树麻雀等众多小型动物和鸟类栖息、觅食、驻足，堪称锡城最大的天然植物园和鸟园。

长广溪水利风景区具有太湖流域典型的水网及湿地景观特征，环境面貌极具观赏性。雪映长广、杉林夕照、雾锁石塘、依山落影等风景奇观，令人流连忘返。景区一直严格按照水功能区划进行设计，满足水源保护区的要求。特别是太湖水危机以来，景区坚持“保护与开发并重”的原则，在严格保护的前提下慎重合理地开发利用，积极稳妥地推进各项保护管理和开发建设工作。

通过科学地规划植物配置方式，长广溪水利风景区构建植被群落，增加植被覆盖率，有效提升了水土保持效果。目前，景区林草覆盖率

已达 95% 以上，水土流失综合治理率达 97% 以上。通过水系调整、截污、清淤、生态修复等一系列措施，河道水质得到了很大提升。

此外，景区已投入 3200 万元用于基础管网建设，排水采用“雨污分流制”模式，景区及周边地区产生的污水，全部进入市政污水管网。经滨湖区环境监测站每月监测，长广溪水质达到了《地表水环境质量标准》（GB3838-2002）Ⅲ类标准，符合景观娱乐用水区的要求。景区中没有耗水型项目，补给水源主要来自河道。景区的开发对于河水汇流没有任何影响，不会影响河水水量。因此，景区的开发对于景区本身的水质水量影响极小。

另外，景区内所有的工程设施均经过科学研究精心设计，对人的行为活动也采取了一定的控制和引导措施，从而将对生态环境的影响减到最少，较好地维持了景区内自然生态资源的完整性，也在一定程度上促进了区域生态体系的稳定和持续发展。同时，为改善旅游环境，开发时充分加强绿化苗木及水生植物的栽植，对于整体生态环境的保护可以起到积极的作用。在自然生态环境保护方面，景区建立了完善的保护体系，生态环境得到了较好的维护，水生态的结构保持平衡，保证了生态系统的完整性及稳定性。

景区规划 设计妙

无锡太湖新城目前已形成“三纵一带”的绿地结构，“三纵”分别是长广溪湿地、太湖新城中央湿地和蠡湖带状绿地；“一带”是环太湖生态林带。长广溪水利风景区作为西侧的“一纵”，已成为连接西面的自然山体和东侧的未来新城的蓝色纽带。它西依军嶂山、北连蠡湖、东邻太湖新城、南靠太湖，景区规划全长10千米，面积568公顷，其中水域面积约为162公顷。

在规划前期，长广溪水利风景区围绕水利为主，规划、园林、旅游等部门共同参与，进行了广泛而深入的资源调查，形成了翔实的评价报告，为规划编制提供了有效支撑。为确保整个规划设计体现水准，景区规划部门委托市水利设计院以现有水利工程为依托，精心编制了《规划纲要》。在规划设计上，景区坚持“以人为本、因地制宜、综合整治、统筹规划、协调发展”的原则，遵循无锡市城市总体规划、无锡市旅游业发展总体规划和无锡市城市绿地系统规划的要求，有效保护景区内自然地貌、水系等资源。

整个规划共涉及水利设施调整、功能区划分、景点布局、生物群落构建四大体系，并兼顾旅游观光和科普教育功能，追求人与自然和谐。规划设置了重点保护区、湿地展示区、游览活动区和管理服务区等区域，集自然生态、休闲、科普、历史人文底蕴于一身，在水质改善、涵养水源、调节区域气候、保护生物的多样性、环境保护和美化等多个方面，产生了良好的生态效益，成为生物多样性、自然与人类和谐相处的典范，实现了区域的可持续发展。随着景区的开发和建设，景区已成为集水安全、水环境、水生态、水文化和水经济于一体的景观风光带，堪称水鸟乐园，鱼类天堂。

目前，一期项目3.5千米段已于2011年建成开放，其水净化、栖息地、植被、科普教育展示四大系统俱全，已成为自然与人类和谐相处的典范。二期项目于2011年9月正式启动，总投资达30亿元，其区域南北向长约4.5千米，占地面积约4.16平方千米，已实施绿化建设、河道清淤、驳岸修整、水生植物培植、基础设施建设等，于2014年底前结束，完成了蠡湖直通太湖10千米的清水通道，成为贯通太湖和蠡湖的一条“生态走廊”。

内外兼修 抓内涵

历代名人为长广溪留下了大量的赞颂诗词和民间故事。据《清史稿》记载：“东溢五里湖，南出长广溪，西经吴塘门，仍入太湖。”“长广溪”河名取“溪阔水长”之意，起名者智也。已发现的葛埭桥庵基墩、洪口墩和板桥赤马嘴等一批马家浜文化遗址，经考证，6000年前这里已有先民择水而居，是太湖平原最早的原始氏族聚居地之一。长广溪畔坐落的南泉、葛埭桥等古镇，长泰寺、横山寺等古寺庙已成为滨湖再现历史风情的重要载体；徐偃纪念馆、蒋子阁等一大批古建筑已完成保护性修缮，历史文化遗产在新时代的长广溪得以传承。

在区域竞争日益同质化的今天，水是滨湖的优势所在。随着无锡区域经济社会的发展和进步，无论是“四个无锡”建设的目标定位，或是打造滨水花园城市的现实需要，还是2011年中央1号文件的精神要义，都对新时期水利事业的建设和发展提出了更高要求。滨湖区也自加压力，要求长广溪在现有基础上，努力提升景区的存在价值和对外形象，满足人们更高层次的精神需求。为此，更加注重发掘风景资源的内涵。

一方面，风景区努力进行各种配套设施的开发，通过清水河岸、湿地群落、科普展馆营造人水和谐的浓厚氛围。景区接待中心气派非凡，装潢考究，能满足各种层次游客的接待需求。整

个景区内设置了 11 处停车场，共 458 个车位，具备接待四面八方的游客日均 420 人次、年均 15.3 万人次的能力；景区内还有教育展示中心、雕塑园、露天舞台、儿童乐园等科普教育设施，使游人在休闲自娱中，得到文化的熏陶和便利的服务。景区集自然生态、休闲、科普、历史人文底蕴于一身，是一座开放式、普惠民生的水利综合服务工程。

另一方面，景区更是不遗余力地对科学、文化资源等景区软实力进行发掘提升。结合葛埭古村，景区充分挖掘马家浜历史文化内涵及长广溪发展遗留下来的历史印记，体现了当地传统的农耕文化；通过重建徐偃纪念馆，让“仁义治国”的理念在滨湖再现历史风情；通过石塘廊桥，打造成为东蠡湖的标志性景观之一，是目前全市最长的、反映蠡湖历史文化的、具有江南特色的廊桥；利用湿地科普馆、湿地体验区，让更多的市民了解到了湿地文化。下一阶段，风景区还将有步骤地对历史文化内涵进行挖掘、包装，使之成为景区可持续发展的新亮点。

以全新理念助旅游升级

——安徽省来安县白鹭岛国家水利风景区

郁郁葱葱的森林环抱着清澈碧绿的湖水，蜿蜒的河汊纵横交错，延绵数里，形成了曲折幽长、变化万千的湖湾，使练子湖更加美丽多姿，令人向往。湖水清澈，环湖一周绿柳如带，烟波浩渺，鱼戏水中，鸥鹭点点，一派泽国气象。

这就是位于安徽滁州市来安县西北部的白鹭岛水利风景区，它距古都南京60多千米，依托于来安县练子山水库库区所建，规划总面积为4.2万亩，核心开发面积1.7万亩。全年平均气温14.9℃，夏无酷暑，冬无严寒。每年清明至白露时分，数万只国家二级保护动物白鹭栖息繁衍于此，俨然一个原生态的人间仙境。

富足的旅游资源

白鹭岛水利风景区及周边旅游资源丰富，体现了以水利文化为骨，绿色山林为底蕴的人文历史资源架构。风景区不仅工程壮观，有水色之缥缈，绿林之繁茂，更有飞鸟之灵动、历史之古韵、都市之气息，集水、鸟、坝、岛、滩、林、建筑、遗址遗迹等于一身。

景区所在地位于滁州市来安县西北部，地处江淮之间，与滁州琅琊山风景区山水相连。凭借得天独厚的自然条件，来安县白鹭岛水利风景区以白鹭岛生态、山水相融的环境，建设一流的水利风景区，让人们充分领略大自然的湖光山色。

水作为景区的主要载体和构景元素，景区水域练子山水库库区，水源充沛、水质优良，水质一直保持在Ⅱ类以上。根据历史记载，景区命名水域区为练子湖。湖内鱼类 20 余种，每年数万只白鹭栖息繁衍于此。

除去良好的水系赋予了白鹭岛美不胜收的自然景观外，白鹭岛所在的城市滁州，吴风汉韵，底蕴深厚，历史上无数文人骚客、王侯将相流连于此，徘徊于山水之间。北宋大文豪欧阳修任滁州太守，流连于环滁琅琊之美景，遂著《醉翁亭记》；唐代大诗人韦应物，赞美滁州自然风物之秀丽而作《滁州西涧》；南宋大词人辛弃疾抗金报国，发出“烽火扬州路”之感喟；一代清官包拯任天长县令留下“智断牛舌”之名案；著名大文豪苏轼也曾数临滁州泼墨挥毫。

滁州的人文底蕴，使得白鹭岛水利风景区自然资源与人文资源配置相得益彰。而白鹭岛水利风景区的建设对滁州市及来安县的防洪、灌溉及生态环境等也起到了非常大的推动作用，既改善了水资源质量及人居环境质量，同时也提高了城市公共服务设施以及服务功能与水平，增强了城市的可持续发展能力。总之，它拉近了人与自然的关系，体现了人与自然和谐共存的生态理念，为提高城市文化品位和城市的吸引力，提供了强有力的支撑，也带动了旅游及其相关产业的发展。

景区统一管理

白鹭岛水利风景区为加强景区管理，经县政府批准，练子山水库成立了综合管理办公室，统一负责景区的管理、保护和开发利用。管理处设立了执法大队和一个公安大队，相对集中了涉及景区管理的水利、渔政、农业、环保及城市管理等方面行政处罚权；将景区的管理维护分 7 个标段，统一招标有资质的企业管理，已形成管理部门负责、物业公司托管、行政执法保障相结合的管理体系。

为了理顺管理机制，白鹭岛水利风景区还在管理处的基础上成立下属的旅游管理机构。该机构负责旅游产品及形象宣传、市场推广、质量检查、规章制度汇总等，充分发挥其规划、监督、指导、协调、服务等功能，壮大景区的旅游产业。

景区还采取优惠政策，调动各方面积极性。制定鼓励企业参与、企业联合的政策，减少行政手段，通过市场机制来壮大景区的旅游产业，以减少政府的投入，提高景区自我发展的能力；探索实施旅游企业集团、旅游企业股份制的办法，增强企业实力；对大型节庆活动的举办实行鼓励政策。

为更好地合理运营规划，实施精细化管理，景区还通过政策支撑、资源管理、资本投入及智力支持等方面提高景区在计划实施、工程、资金、物资、信息、科技、项目监管等方面的管理水平，将管理层次精细化、规范化、科技化。同时，还积极提高软硬件水平，保障措施得力，其主要包括政策和体制保障、组织管理保障、游客教育及管理保障、资金筹措与保障、社会保障、技术保障。

在系统有效的景区管理下，随着旅游接待规模和档次进一步提高，旅游从业人员大大增加，白鹭岛水利风景区的开发建设将会为整个滁州市带来巨大的直接和间接经济效益。景区具有自然观光、旅游、娱乐、科普教育等方面的功能，凭借其资源优势和环境优势，也为人们进行生态旅游提供了活动空间，在环境教育、文化教育等方面有着重要而独特的价值。市民为游客提供高品位的生态旅游场所，增强共同对环境保护的意识，推进社会进步。

白鹭岛水利风景区以练子山水库为主要依托，本身具有巨大的生态系统服务功能。通过景区的建立，对人为活动进行了严格的管理和控制，在对生态系统进行保育的基础上，保护和新建多样性的滨湖环境，极大丰富了景区的景观类型，为各类生物提供了多样化的栖息空间，显著提高了景区的生态承载力以及综合生态效益。

壮大旅游产业

白鹭岛水利风景区本着“回归自然、返璞归真”的根本宗旨，积极倡导生态旅游的理念，科学合理地规划景区。目前区内规划总面积 4.2 万亩，核心开发 1.7 万亩，其中水面 2000 亩，按照国际

度假村、白鹭保护区、湖泊观光区、森林公园和佛教文化区五大核心区域进行建设。

在白鹭保护区，每年清明至白露，数万只国家二级保护动物白鹭栖息繁衍于此，游客可以直观地领略白鹭的生活习性；在湖泊休闲区，游客可以乘坐游船欣赏练子湖美景，开展各类水上游乐活动;在白鹭岛森林公园,游客可以在登高望远、尽情领略白鹭岛湖光山色的同时，感受乡村旅游的田园文化氛围。森林公园现有观鹭阁、跑马场、拓展基地、赏鹭水榭和舜帝文化园等设施，园内的舜耕文化农业园是全国农业旅游的示范基地，有近 2000 亩土地用于种植各类农作物、水产养殖和家禽畜牧业养殖；有近 1200 亩土地用于四季瓜果采摘、蔬菜花卉种植、花卉苗木展示、农业景观旅游、作坊趣味产品展示；有近 500 亩土地用于高科技现代农业，通过温室大棚生产高产高效的 A 级绿色食品，通过蔬菜无土培养生产 AA 级绿色食品；有近 200 亩未利用土地用于乡村度假酒店的建设。建设中的乡村酒店为中式徽派产权式酒店，四合院格局，两室一厅，每户建筑面积 60 平方米，整个乡村度假酒店规模达 500 户。此外，在佛教文化区，游客还可以体验宗教旅游的独特魅力。

现在已建成的国际度假村内具备了旅游、观光、休闲、度假、餐饮、会议、理疗、娱乐等功能，除白鹭山庄、碧云山庄、御龙山庄外，还有观景阁、御龙岛、情人岛、天然浴场、温泉公园、商务会所、游艇俱乐部、高尔夫俱乐部、马术俱乐部、商业街（美食广场）、电信、银行、医护等配套设施。

度假村内的温泉公园占地 150 亩，主要分为如意广场、大唐风韵、日式风情三大区域，以中国古典园林及日式枯山秀水两种风格为主，包括接待中心、休闲池、温泉池、游泳池、儿童游乐池、石板浴池、沙疗池、VIP 活动房、养生池、冲浪、假山景观和瀑布冲淋等。公园内到处点缀东南亚巴厘岛风情，充满古典浪漫的文化内涵，是目前华东地区规模最大、档次最高的露天温泉公园。

寻梦山水间

——江西省新建县梦山水库国家水利风景区

江西省新建县梦山水库国家水利风景区自古以来物产富饶、人文荟萃，素有“物华天宝、人杰地灵”之誉。而今它更是以其独有的梦文化，结合其水文景观、天象景观、生物景观、文化景观，成为南昌城北的一座休闲娱乐“后花园”。

“梦”的故事，梦幻的景

梦山之名，源于一段美丽的传说。相传公元317年，刘备曾孙刘护因率军荡灭盘踞西山藩源寨山寇，功封罕王。刘护之母罗氏夫人以山椒野果供士卒食用充饥，感人入梦，俗称梦娘娘。农耕文化时期，人们口口相传，民间认为来此庙求梦灵验而得名梦山，从此世代供奉，经久不衰。

景区因梦得名，又因景而更显梦幻，梦山的风景让这“梦”更加鲜活动人。荡舟库区水面，只见藩源溪水自梦山顺势而下，山涧溪流、瀑布所形成的山水大势美不胜收；伫立船头，穿行于云缠雾绕的湖面，“青水碧于天，画舫听雨眠”的人间奇景让人流连忘返；傍晚登临库区东岸420多级的好波坡，眺望景区，“落霞与孤鹜齐飞，秋水共长天一色”佳境顿时展现在人们面前。湖面碧波粼粼，流水潺潺，渔舟唱晚，鹭鸟蔽日。西山岭云遮雾绕，空气清新。梦山顶观日出日落、迎朝阳、送晚霞，极目东天，南昌城区夜景尽收眼底，美不胜收。

景区内还分布着不少充满奇趣与梦幻的景点：“梦山石室”石梁石瓦，巧夺天工；“罕王庙”矗立山巅，气势巍峨；“望月亭”登高望月，晚景绚丽；“翠峰亭”湖光山色，变幻万千；“狮涎泉”终年不竭，清澈可鉴；“游仙居”幽静典雅，舒适宜人；“幽笙琴”风鸣如琴，妙趣横生……千百年来，众多文人墨客来此游览，留下许多梦的希冀和梦的传说。

几番兴废，好梦成真

近几十年来梦山可谓是兴废反复，几经波折：新中国成立后，空遗寺庙及石室；“文化大革命”时期庙宇拆除，仅存千年石室。直到1983年，众多游客才又纷至沓来朝觐梦娘娘。此时，水库管理所审时度势，顺应民意，以梦山石室为经，以青山、碧水为纬，对梦山水利风景区进行深度开发，1984 年更是成立梦山风景旅游区修复领导小组，采取市场运作方法，短短几年中，在没有国家投资的情况下，筹资 500 余万元，修复和兴建了山门、停车场、上山石道、翠峰亭、望月亭、罕王庙、旅游服务中心等旅游景观、设施 10 余处，使梦山水利风景区旅游设施初具规模，旅游效益初步显现，年接待游（香）客 7.5 万人次。

然而，到了 1992 年，全国及江西众多旅游点兴起了开发热潮，梦山旅游业面临旅游项目原始，接待设施简陋，旅游服务无新意、无创意，更新资金投入不足等问题，导致出现了游客重游率低，旅游效益下降的状况。为使梦山旅游业走出低谷，梦山水库管理所成立了梦山水利风景区旅游开发公司，全面担负梦山风景区旅游开发、经营、招商引资及管理工作，为梦山水利风景区旅游业健康有序发展奠定了坚实基础。

经过广泛宣传、促销和市场化经营运作，2005 年底香港国盛公司张其润先生投资成立南昌国盛旅游投资有限公司，投资 2000 多万元，承包经营、管理梦山水利风景旅游区。几年来，该公司高起点规划、高起点开发，加快景区旅游开发与建设进度，努力将梦山水利风景区打造成一个集山、水、林、佛、梦文化为主题的生态旅游、垂钓休闲度假区。

随着库区旅游业的深度拓展，各景观景点的有效开发建设，旅游基础、服务设施、各种制度的不断完善，游客逐年增加，投资者得到了实惠，水库管理所也增加了收入。南昌国盛旅游投资有限公司负担了梦山水库管理所职工年度 70% 的工资，并接纳安排 40 多名职工在风景旅游区就业，每名职工工资加奖金年平均收入 2 万余元。同时，带动周边农副产品的销售，为景区周边农民致富奔小康开创了新门路。

目前，景区年接待游（香）客达 10 万人次以上。2010 年度景区经营性总收入达 300 多万元，使当地农民人均增收 500 元以上，整个库区呈现人心稳定、经济发展、社会和谐发展的大好局面。

合理开发，科学管理

梦山旅游业的成功，离不开梦山的好山好水，更与景区良好的管理体系密不可分。

新建县梦山水库管理所为梦山水利风景区的管理单位，负责风景区的保护、规划、建设及管理工作。在确保工程安全运行的前提下，坚持科学合理开发利用景区资源与保护水及生态环境有机结合。制定《水利风景区管理办法》《风景区岗位目标职责》《风景区管理所考勤管理试行办法》等规章制度，健全完善了景区的管理体系，并加强了对景区资源的管理。

首先，在资源管理上，风景区管理所加强了对景区内山水资源、重要景物、文物古迹、古树名木的保护，并建立档案、设置标志、制定了保护措施。严禁出让、转让风景区资源。对水资源采取严格的规范管理，禁止向库内水体排放污染物或倾倒污水、垃圾。库区实行天然放养，还库区一湖清水。对景区的溪流、泉水、瀑布、水源，按照风景区规划要求切实整改到位。合理利用，有序排灌，库区水质确保纯净无瑕。库区上游水的流向走势保持原始，不得截流、改向或作其他改变。严禁当地村民进入景区乱砍乱伐，毁林垦荒种植农作物和放养家禽家畜；严禁捕杀或者伤害鸟类及其他野生动物。并在景区设置警示牌，严禁随地乱丢烟头或在指定地点外燃放鞭炮，防止焚香、生火及损坏游览、服务、公共交通设施和危害游客人身安全的行为发生。

其次，在服务管理上，依托风景名胜资源从事各种经营服务活动的单位和个人，必须按照规定向景区管理单位缴纳资源使用、卫生管理费并承诺在指定地点和规定范围内依法经营，文明经商，礼貌待客，不得污染景区环境。

景区下一步将一如既往围绕“好山好水、好梦成真、梦山寻梦山水间”的发展主题，充分利用山水资源，深入发掘梦文化内涵，注重水与梦的结合，唱响梦文化品牌，进而将梦山水利风景区建设成融旅游观光、休闲度假、学术研究、民俗风情、特色餐饮等多功能于一体，景观型、生态型、文化型、休闲运动型相统一的水利风景区。

大漠深处的"瀚海明珠"

——甘肃省民勤县红崖山水库国家水利风景区

与传统印象中的西部沙漠地区不同，在甘肃省民勤县红崖山水库国家水利风景区，你可以看到星罗棋布的大小水泊，纵横交错的沟壑水渠，错落有致的胡杨、梭梭等植被。水满时节，碧波万顷，库底游鱼浅翔，水面众鸟栖戏，大漠环绿水，青山映碧波，令人心旷神怡。

近年景区兴建了海滨娱乐城、歌舞厅，开办游艇、沙滩浴等服务项目，红崖山水库不但是沙乡人民的生命工程，更是四海宾朋的游览胜地。

景区是具有沙漠洼地蓄水灌溉、防洪调控功能的水利枢纽工程，兼营水产养殖和旅游开发。位于石羊河下游，东靠黑山村，西依红崖山，东西北被腾格里沙漠和巴丹吉林沙漠两大沙漠包围，属典型的平原洼地沙漠水库，也是亚洲最大的沙漠水库，被誉为"瀚海明珠"。红崖山脉蜿蜒北拱与黑山头并肩而立，形成一道天然屏障，因水库单面傍山，三面环沙而建，故取名红崖山水库。

融合之美

红崖山水库景区风景秀丽，景色宜人，江南水乡、塞北田园、大漠风光泾渭分明，又浑然一体，蔚为壮观，是集休闲、娱乐、旅游、度假为一体的游览胜地。

库内游鱼簇簇，野鸭成群，水鸟穿梭，黑鹤长鸣。库中有一座沙丘，鸟类时来歇脚，骆驼时来饮水，游人时来沐浴，驼峰雄姿，天光漠色，都含蕴在水光波影之中。"聚龙亭"是水库风光的精华所在地，仰视红崖山巍然屹立，平视库面碧波万顷，水天一色。放水时节，河水从输水洞飞流直下，气势宏伟。

在水库大坝下方，约有 300 亩水域，活水长流，水质优良，清澈见底，有曲折逶迤的河湾景观，有错落飞流的人工瀑布。河内鱼虾闲游，绿苇丛生，河旁垂柳低拂，亭台玉立，疏林、草地、水面、沙丘连成一片，环境优美而清静。

库区建有集游泳、沙浴等为一体的天然游泳场、供游客休闲娱乐的蒙古包和各类风味小吃等设施，同时还可在宽阔、清净的水面轻波荡舟，悠闲垂钓。与别处不同的是，这里仅在岸边设简易坐矶，或搭草棚，或撑遮阳伞，形成钓位，都是利用外河道形成的水面，依附管护房实施管理的天然垂钓场所，让游客可以暂时抛却世俗烦恼，忘情山水。

静坐久了，游客可以去沙漠探险旅游区一展身手。红崖山水库沙漠探险旅游区位于石羊河林场红崖山分场以东约 2 千米的腾格里大沙漠和水库西坝墙外的巴丹吉林沙漠，野生动物神秘出没，时奔时哮，构成一幅美丽的画卷，点缀在无边无际、连绵起伏的腾格里沙漠和巴丹吉林沙漠之中，“红崖隐豹”般的景象常给游客带来意外的惊喜。

生态之行

红崖山水库景区之旅也是一趟绿化生态之行。这里有 2500 公顷水库水域，300 公顷湿地，86 公顷各类林木，90 公顷沙生植被。

进入景区，穿过征沙桥，经 820 米山路可达海拔 1526.8 米的黑山。山上绿化面积 1000 余亩，人工栽植常青树 1 万余株，垂柳等乔木 2 万余株。1998 年以来，民勤县人民政府发动干部群众实施了红崖山水库绿色保卫工程，在水库西线长 10 千米、宽 5 千米的范围内压沙并栽植了梭梭、毛条等沙生植物，减缓了流沙对水库的侵害。建库之后，栽植杨树等 600 多亩，近 30 万株。

近几年，在红崖山水库下游 3 千米处的龙王庙创建了 3 万亩治沙示范区，红崖山分场建有 500 亩鲜食葡萄，红崖山水库也新建 162 亩红枣示范园区。

而红崖山水库生态园则是景区专门辟出的保护区，也是集餐饮、住宿、停车、购物、洗浴、会议接待、花卉种植等为一体的综合服务中心，占地面积 8338 平方米，建筑面积 2605 平方米，投资 600 多万元，2011 年 3 月建成投入运行。生态园非常注重花卉种植，目前，园内已栽植了刺柏等 100 多种树木与花卉，并能同时接待 500 多人就餐，凸显了现代旅游健康生活、低碳环保的理念。

管理之道

红崖山水库建库 53 年来，各级领导和水库管理处都非常重视红崖山水库景区的管理、建设工作，兴建了大量的软硬件设施，加大投资力度，改善景区环境。景区先后投资修建了龙口观光景区、鸭鸣湖山莊山庄、库内人造岛屿等景点，为游客提供更

优质的旅游服务。

龙口观光景区在水库大坝右面，是红崖山水库风光的精华所在。修建的停车场，占地面积 4608 平方米，停车位 50 个。停车场北侧是景区服务中心，设购物中心、公用电话等服务设施。从停车场可直通水库主坝、民武公路，交通极为便利。建成投入运行的蒙汉风情园，占地面积 2400 平方米，建筑面积 210 平方米，建有蒙古包 5 座，仿木板房 1 间，操作室 1 间，可同时接待 90 人就餐。鸭鸣湖山莊山庄占地 1 万平方米，共有房屋 60 间，建筑面积 900 多平方米，可接待 100 多人餐饮住宿。

景区还将在库内人造岛屿上建设游客度假中心。结合库区清淤工程，在库内建岛 9 个，面积 0.27 平方千米，目前清淤堆岛工程已开工，游客度假中心就在其中。库尾建南坝墙，长 3 千米，高 2.6 米，顶宽 30 米，底宽 60 米，并在坝顶修建一条 3 千米长的高标准柏油路，为游客进入景区提供方便。

红崖山水库管理处将水利风景区建设与管理工作摆在重要议事日程，严格按照民勤县红崖山水库水利生态风景区管理处的规定，同步进行景区建设与水利工程建设，利用水库的风景优势，统筹规划建设红崖山水库区域湿地公园景区，致力于把红崖山水库打造成集灌溉调蓄、生态治理、旅游休闲、渔业发展为一体的著名水利风景区。

“地球癌症”披绿装

——内蒙古自治区鄂尔多斯市砒砂岩国家水利风景区

砒砂岩，像绽放的罂粟花般美丽、壮观、诱人，无水坚硬如石，遇水松软如泥；又极端贫瘠，甚至有流毒千里的危害。

在内蒙古自治区鄂尔多斯东部丘陵区，灰白、灰绿、紫红、黄褐等五颜六色的岩石层显得格外醒目，这就是被称为“地球癌症”的砒砂岩区。

鄂尔多斯市砒砂岩国家水利风景区呈现典型的黄土地貌，沟壑纵横，砒砂岩裸露，地质景观独具特色，是地质爱好者研究鄂尔多斯高原地质地貌和游客观光的稀有、绝佳的地质公园与风景区。

奇特地貌显风情

景区气势磅礴，山峦起伏，沟壑岩壁犬牙交错，砒砂岩的美丽容颜得到完美的暴露与展示。砒砂岩以粉红色、紫色、灰白色、灰绿色互层相间而存在。其沟梁交错纵横、气势宏大，给人以强烈的视觉冲击，场面绚丽且四时不同，观之让人心情舒畅顿生赞美之情。

景区远观如风吹皱的白缎飘落在大地，近看又似红白相间的彩带在随山势舞动。站在观景台居高临下，景区风光一览无余，乘缆车深入谷底可近距离观赏。同时景区也是鄂尔多斯高原观日出、日落恢宏气势的首选之地。

正在建设的景区已经投入2亿多元资金。目前，景区标志性建筑——科学中心已全面开工建设，旅游区游客中心、索道、游步道现已投入使用，还有热气球、滑翔伞等空中游乐设施供人游乐体验。景区不受季节影响，是鄂尔多斯市唯一的一处可全年接待游客的稀有旅游景区。

“生态花”结出“旅游果”

砒砂岩区是世界水土流失最严重的地区，也是多年来准格尔旗水土保持治理中的难题，水土流失面积占全旗总面积的92.5%。早在20世纪80年代初，准格尔旗就致力于砒砂岩治理的研究。通过多年的比较试验，将非常适合在砒砂岩上生长的“生态经济型树种”——沙棘作为治理砒砂岩的首选树种，确定了种植沙棘治理砒砂岩的生态治理路径。十几年来，鄂尔多斯市累计种植沙棘面积11.59万公顷，保存面积6万多公顷，并仍以每年6000多公顷的种植速度推进。目前，水土流失综合治理率39.7%，森林覆盖率达到27.3%，植被覆盖度达到73%，在生态环境保护与修复方面取得了巨大成果。

生态治理成果产生了直接的现实意义，它为旅游产业的发展提供了潜在的空间和想象的底色。景区通过科学规划，形成了以水土保持、生态恢复为主题的发展思路，结合景区特色，因地制宜地开展旅游观光活动，探索出了我国干旱地区发展水土保持型水利风景区的典型模式。

中国山水1903

绿丝带的管理经

——湖北省通山县富水湖国家水利风景区

从大畈至燕厦，是一条风景优美的水上旅游线，两岸群峰秀丽，库中有岛，自然资源和人文景观十分丰富，生物多样性保存完好，兼有奇异地质公园隐水洞和现代大型新能源基地——大畈核电的建设，共同构成了富水湖风景名胜的多元性。

富水湖水利风景区依托于湖北省第二大水库——富水水库建设而成，具有得天独厚的区位优势和独特的景观价值，为城区居民提供了假日休闲，体验田园生活、生态农业、观光农业、自然风光的好去处。

绿带绕青山

景区内谷地平坦，小岛耸立，湖汊密布，绵延数十千米，富水湖湖面面积 80 平方千米，总库容 17.3 亿立方米，最大水深 35 米。湖水清澈，万顷碧波，轻舟悠悠，是度假休闲、观光农业、民俗风情、田园生活体验、水上游乐和奇洞异窟观赏等生态旅游最佳旅游区。

富水河最宽处 4000 多米，最窄处仅 40 米，宽广处烟波浩渺，似洞庭之坦荡；狭窄处曲径通幽，如漓江之奇美。两岸群山造型各异，似龙、像龟，形象逼真，有隐水洞、东海神龟、乌岩峡谷、莲花朝圣、富水大坝、牛鼻穿孔等多种景点。湖边金橘满坡，苍松翠竹遍野，青山绿水相映成趣，倒映在湖中的疏林、峰峦染绿了江水，这绿水又映着青山，恰似一幅天然水墨画。“群峰倒影山浮水、无水无

山不入神”，不知是青山排列在岸边，还是山峰耸立在水中，又有百鸟和鸣，悦耳动听，极富野趣，环境清幽静谧，空气清新宜人。

富水河美玉般洁净，水晶般透明，像一条飘荡的玉带，情深意长地牵动着远方游人。富水河上游，两岸山峰夹岸迎送，形成一个个幽长峡谷，北岸有一个特大溶洞——隐水洞和一个金碧辉煌的凤栖洞，南岸有两条幽长的小河，幽雅恬静，轻烟薄雾，岚光紫气，缭绕其间。下游南岸有一座白岩山，峰顶岩石晶莹如玉，像天山上的雪峰，在阳光下银光闪烁。燕厦河段的“牛鼻孔”如同长江“小三峡”，两岸崖壁如削，旁边一座旗山崖壁高 300 多米，色彩明丽如壁画。富水河一路走来，与两岸的青山一起谱写了一曲山水交响乐，遥相呼应，相得益彰。

战略主导开发

为了切实加强富水湖两岸资源的保护、开发和管理，通山县委、县政府于 2007 年 11 月成立富水湖风景区管理委员会，2008 年设立富水湖风景区，具体规划范围为富水湖水面 80 平方千米，以 57 米水位线为准，外延一千米的陆地面积约 180 平方千米，另将隐水洞、富水乐园景区划归富水湖风景区管理，并明确富水湖的规划、保护、利用和管理职能将由富水湖风景区管理委员会统一实施。

富水湖旅游发展的总体战略目标是以富水湖碧水青山、湖光倒影、乡村风光为背景，以湖泊水体、地质公园和核电工程为载体，以湖泊观光、水上运动、休闲娱乐、滨湖度假、乡村体验为特色，将富水湖风景旅游区打造成为国家级风景名胜区、国家 5A 级旅游景区、中国最美的乡村湖泊旅游目的地、华中湖泊水上运动与休闲度假基地、大武汉都市旅游圈湖泊旅游中心。

根据富水湖资源分布、地理特征、滨湖环境与政区关系，富水湖风景区总体规划将富水湖旅游区的空间结构确定为“1113”格局，即“一体一环一心三组团”。

“一体”是以富水湖水域为主体景区，分为水域、空中、湖岛三部分，即水上观光、水上运动、水上休闲娱乐和水下探宝寻秘，空中观光、空中摄影、空中娱乐、空中定情和空中婚礼，湖岛观光游览、休闲娱乐、康体养生和度假疗养。

“一环”指环富水湖赛车道。环湖赛车景观道既可作为国际标准公路自行车赛道，又是一条环湖景观道，既供运动休闲，又供观赏美景，同时是湖区群众出行的生命线。

“一心”指通羊镇旅游集散中心。

“三组团”指大畈旅游组团、慈口旅游组团、燕厦旅游组团。大畈旅游组团分为隐水洞地质公园，官塘核电景区，西泉“中国第一实景民俗村”主题园，大畈风情小镇，富有“乡村街市”，和平、鹿鸣塘“温柔乡村”主题村等几大板块；慈口旅游组团包括金色湖湾景区，石印、北山和西垄“快乐渔家”主题村，慈口风情小镇景区，山口、下泉“野性乡村”主题村；燕厦旅游组团包括富水乐园、牛鼻孔峡谷风景区、港口“宁静乡村”景区。

富水湖管委会成立以来，已完成富水湖旅游总体规划、大畈镇旅游名镇控制性详规和大畈镇西泉村农家乐发展控制性详规的编制工作；指导和帮助隐水洞周边村组发展了 40 多家“农家乐”；深入富水湖景区开展资源普查工作，收集了大量宝贵的旅游资源资料，在通山政务网上结集公布；投资 110 万元制作了“咸宁核电站”巨幅广告牌。

强势吸引投资

富水湖水利风景区处于三峡国际旅游热线的节点地带，是湖北省湖泊旅游圈和两轮驱动战略中“武汉大都市旅游圈”的重要组成部分，是武汉后花园和咸宁市的核心景区，与著名的温泉谷景区握手相邻。富水湖距武汉、南昌和长沙各 100 多千米，客源市场非常广阔，杭瑞、大广高速公路、106 国道穿境而过，京珠高速、316 国道依境而行，交通便利，可进入性很强。丰富的旅游资源和得天独厚的区位优势为景区吸引了大笔建设投资。

3 年来，景区旅游项目开发正在按计划梯次展开。由武汉市江城物业集团有限公司投资 6000 万元建设的隐水洞地质公园，已于 2008 年 9 月正式营业，2010 年接待游客 30 万人次，门票收入 30 万元。由中广核总投资 600 亿元的大畈核电工程于 2008 年 3 月签署协议，现已完成前期建设累计投资 20 亿元工程量，场平工程及相关配套设施建设接近尾声。由香港纵横有限公司拟投资 4 亿港元的富水乐园项目已完成前期规划、报批、征地以及“三通一平”等工作，已建成 7 栋度假别墅。

目前，还有投资商拟投资 12 亿元的大畈休闲旅游功能区、拟投资 1.6 亿元的富水龙珠湾生态度假园以及拟投资 1.5 亿元的富水湖水上游开发等项目。另有狮子崖、牛鼻孔、五指山、莲花坛、鹿眠塘、白崖山、西坑温泉、太和观、石屋寺、吴家祖祠、谭家祖祠等景点有待进一步投资开发。

生态文化是核心

——江西省宜丰县渊明湖国家水利风景区

春天鸟语花香，云雾蒸腾；夏季晴空万里、凉风送爽；秋季彩霞映照，神韵十足；冬季蓝天白云，银装素裹，冰清玉洁。这就是江西省宜丰县渊明湖水利风景区最真实的写照。过去，这里因陶渊明故里所在地而闻名全国；现在，则因建设水利风景区而成为各地学习的榜样。

近几年，国家、省、市、县加大了对景区的投资，专门投资 3000 万元将大坝再次加固、整修。大坝下游是一座约 500 米的高架引水渠，构成一处独特的空中架建景观。另有 4 个观景台可供游客观赏库区胜景。新建成的管理区域占地 1.5 万平方米，可为游人提供食、宿、会议接待、旅游咨询等服务。经过有条不紊的建设开发与管理，渊明湖景区于 2011 年 11 月被水利部批准设立为国家水利风景区，实现了宜丰县国家水利风景区零的突破。

妙用资源，规划合理

渊明湖水利风景区有着先天的资源优势，水文、地理、生态、天象等景观都各具特色，工程、人文景观建设得也非常好，周边更有数个旅游资源景点支持区域旅游。景区对水的妙用，使人们一年四季都有亲水互动的机会，为景区的开发提供了实用价值；而景区的区位优势，又为景区综合开发提供了不可多得的人文资源。

景区的核心是丰产水库。水库以灌溉为主，兼顾防洪、发电、养鱼等综合利用，为下游提供了足够的工业、农业、生产、生活及生态环境用水，惠

及宜丰县棠浦镇、澄塘镇、上高县泗溪镇、省属企业江西棠浦煤矿，造福了当地 4.41 万人口。水库大坝于 1958 年 9 月由人工筑建而成，1979 年改建加固，属中型水库、重点水利工程建设项目。水库水源来自长江流域鄱阳湖，系锦河支流棠浦河彭源溪水，水量丰富，水质优良，无污染，属国家Ⅱ类水质。目前，景区核心水面面积为 2.4 平方千米，水库控制流域面积 47.5 平方千米，总库容 1900 万立方米；正常蓄水位 94 米，相应库容 1358 万立方米；死水位 77.5 米，死库容 65 万立方米；多年平均径流深 1040 毫米，多年平均径流量 4940 万立方米。

渊明湖阶段分明的枯水期和涨水期，使整个景区形成了一种特殊的湿地环境，为发展湿地生态景区创造了良好条件。夏天景区内随处可见戏水的游人，常有游人在浅水区自由垂钓；冬季白鹤等候鸟眷顾，游客在大坝或水面上观赏此景，又得到仙人白鹭般的视觉享受。而每逢当地重要节庆活动，赛龙舟就成了一项必不可少的项目，形成一道亮丽的风景。

景区所在地宜丰县既是陶渊明故里，又是中国佛教禅宗五宗之曹洞宗和临济宗两宗的发祥地，同时也是中国竹子之乡、中国猕猴桃之乡，并拥有国家级自然保护区官山。仅陶渊明故里就有渊明读书堂、靖节祠、东皋岭、醉石、赋诗湾、秀溪遗迹、靖节桥、潜慧寺遗址、东篱下、南山、陶家坪、靖下桥、渊明洞、七里山、藏书墩、洗笔池、故里桥、柳斋棋局、陶家园、桂林山寺遗址、安成等景点 40 余处，是游人认识陶渊明、体会陶渊明情怀的重要地方。当地管理者充分利用了这些宝贵资源，全力将渊明湖打造成以生态文化为龙头，以水利文化、休闲文化、民俗文化为核心，集水利文化景观、生态旅游、文化探寻、禅寺朝觐、名人故里参观、水利科普、休闲度假和会务接待等多功能为一体的综合型国家水利风景区及赣西水上休闲度假旅游胜地。

依托着景区所在宜丰县深厚的历史文化底蕴和多年来对大坝有条不紊的合理建设，渊明湖风景区现在已经形成了一套独有的运营模式。如今，为了满足现代水利与旅游发展趋势需求，有利水利风景旅游产品品牌化，渊明湖水利风景区管理者也在积极配合宜丰县的开发举措，以“禅风竹韵・山水宜丰”为旅游主题，为打造“赣西水上休闲度假旅游胜地”水利文化旅游而努力，核心区正着力抓好水库大坝区、茶田生态农庄区、水上游览区、花港观鱼区、一庄三园区（农庄、桃园、茶园、橘园）、度假村区、桃花源区（渊明钓鱼）七个游览区的建设。

健全制度，优化管理

依照《水利风景区管理办法》等有关规定，渊明湖景区相关部门加强管理，成立了渊明湖水利风景区管理所，与丰产水库管理所合署办公，为江西省宜丰县水务局管理风景区的常设机构，负责风景区的保护、规划、建设和管理，制定了《管理办法》《安全应急预案》《消防管理制度》等规章制度。

《管理办法》提出，渊明湖景区以水利部门管理为主，同时要根据市场要求，建立起科学的、适应市场经济发展要求的经营管理体制。

首先，景区鼓励各类资金投资开发。政府相关部门积极支持各类民间资金投资水利风景区的开发和建设，并在政策上给予更多的扶持，给予优惠条件，如减免土地租用、配套费征收、税收等相关费用，结合当地经济综合发展的需要，从国债、银行信贷、专项资金、社会资金等方面给予资金支持，以改善水利风景区的基础和服务设施状况、生态环境状况。

其次，景区十分积极选拔、培养管理人才，关键岗位由深知景区开发经营管理及有从事旅游风景区经营管理经验的高素质人才担任。通过自行培养和利用优惠政策从社会上公开选聘相结合的办法选拔人才，实行“先培训、后上岗”的持证上岗制度，按照要求规范服务内容和形式，不断提高员工的文化素质和业务水平。

此外，景区也对水利生态环境保护与水利工程安全格外重视。景区内严禁乱拆滥建，所有建设必须按规划要求进行；对人畜粪便和污水按照环保要求处理；游人经过的路段要绿化，沿路设置垃圾桶，配备清洁工及时打扫景区内卫生；并不断强化素质教育、公德教育，普及环保知识，把保护环境变成每个村民和游人的自觉行动。

同时，景区还大力开展各种旅游宣传促销活动，积极参加各类旅游推介会，在各种媒体上宣传赣西水上休闲度假旅游胜地——渊明湖水利风景区，并全方位努力开拓客源市场。

亿元投资，有序开发

按照规划，渊明湖景区将在 10 年内完成三期开发建设，总投资 1.23 亿元。

2011—2013 年是基础设施建设阶段，计划投资 7500 万元，建设重点包括风景区大门、售票处、停车场、高架引水渠修复、花港观鱼区、农家风景区、水利文化园区等。并将购置游船，加强生态保护，加快直接为旅游开发服务的游步道、游客接待中心、通信、电力和给排水等基础配套设施的建设。

2014—2016 年为重点开发和建设阶段，计划投资 4837 万元，着力打造一庄三园区、度假风景区、民俗风景区、桃花溪游赏区、茶田生态农庄区、动物观赏区旅游度假区和生态田园体验区，使其尽快成为特色景区，吸引更多游客。

2017—2020 年，将进一步重点完善水利风景区其他未完善的旅游服务设施和基础设施，丰富地区的特色景观，把水利风景区建设成为设施完善、风光秀丽的郊野型生态休闲景区。

对于未来的发展，当地景区管理者也有一整套的工作思路和计划。在今年，进一步完善各项设施，强化管理。编制《渊明湖水利风景区建设详细规划》，不断创新工作思路，学习先进经验，提升水利风景区管理水平，促进水利风景区工作又好又快发展，推进现代水利、民生水利和生态文明建设，使水利风景区发挥出最大的社会和经济效益。

多元投资助推景区发展

——山东省淄博市五阳湖国家水利风景区

五阳湖水利风景区是一个资源丰富、环境优美、景色秀丽、风光迷人的地方。自20世纪60年代左右开工建设，2009年底完成除险加固工程。淄博市欲在五阳湖景区建设一座以防洪为主，兼顾灌溉、养殖、旅游为一体的综合型水利枢纽工程。

目前，景区共分为九个重点区域，即水库观光景区、水库娱乐区、五阳湖休闲生态园、五阳山风景区、颜文姜汲水泉景区、凤凰山景区、五凤山景区、金牛山景区、湿地风光及现代有机农业观光园区。景区北距淄博市45千米，西距济南遥墙国际机场105千米，东离青岛海运码头260千米，滨博高速公路贯穿境内，旅游公路环绕穿插，交通十分便利，通信、邮政方便快捷。

经过近几年的开发建设，五阳湖水利风景区得到了飞速发展，形成了水上运动、休闲娱乐、自然观光、捕捞节、果实采摘节、登山节、钓鱼比赛为主要内容的观光、娱乐、休闲、度假、餐饮、购物等多功能综合型旅游服务区，日接待能力达到5000人，年接待游客80万人次，实现旅游综合收入8000万元。

管理要素“一个都不能少”

景区自成立以来，旅游基础设施日益完善，经济实力显著增强，旅游知名度、信誉度不断提高，得到了广大游客的认可。

高质量的旅游规划是五阳湖旅游业得以快速发展的前提。景区紧紧抓住游客需求，编制自己独具特色的详细规划，以充分指导五阳湖水利风景区沿着良性轨道迅速发展。五阳湖景区的详细规划在建设初期发挥了关键作用，为景区的发展指明了方向。

政府主导、市场化运作的多元化投资机制是推动五阳湖旅游业快速发展的重要支撑。如何筹措景区开发建设需要的大量资金是一大难题，为了破解这一难题，当地区委、区政府、区水务局对旅游投资体制进行了深入的改革，全面开放旅游市场，放宽旅游市场准入，引入市场竞争机制，按照“谁投资、谁受益”的原则，鼓励社会资本投入景区的开发建设。资金来源由建设单位自筹或通过招商引资解决，经过各个建设单位的积极努力，重点建设项目均按期完工。同期，社会资本也积极投入到景区开发建设中来，先后投资建设了五阳湖生态园、水上娱乐设施、时尚运动快艇、农家乐、宾馆等，实现了投资机制多元化，有效提升了五阳湖旅游业的整体水平。

同时，景区加强水生态综合整治，深度恢复五阳湖周边环境。认真贯彻落实国家有关法规，全面加强景区资源管护和环境保护工作，重点保护湿地生态系统；依法行政，加强湖区生态环境治理保护。拆除湖区私搭乱建，清理网箱养鱼、水上酒店等设施；全面绿化景区，大力开展植树种草工程，对五阳湖周边环境进行了生态改良；计划投资 8000 万元在五阳湖下游规划建设湿地公园，投资 1.5 亿元建设江北最大的苗木基地——石马万亩园林苗木基地；提高人们珍惜和保护水资源的意识。通过水利风景区建设，让人们充分感受到水资源、水生态保护给游客带来的足以引起心灵震撼的自然之美，从而促进人们更好地珍惜和保护水资源。

宣传推介与扩大影响。旅游业的发展离不开强有力的宣传促销。几年来，五阳湖景区的宣传

促销主要突出以下几点：唯我独有原则，五阳湖是博山区唯一一座中型水库，周围山水如画、空气清新，游客在此如入世外桃源；实事求是的原则，对旅游景观、服务质量、交通设施、饭店接待条件的宣传恰到好处，既不夸大，又不无中生有，使广大游客满意而归；宣传促销侧重于生态、休闲、娱乐，让游客得到的是一种从精神到物质，从生理到心理的全息感受；通过新闻媒体及电视台的记者采访，不断提升五阳湖旅游业的品位和知名度，同时也让人们更加认识五阳湖。

深入挖掘、打造五阳湖精品文化是实现五阳湖旅游业持续发展的灵魂。旅游是一种文化体验，是一个文化游历过程。可以说，文化是旅游灵魂，旅游是文化的外在价值体现。几年来，五阳湖积极打造旅游文化，取得了显著成绩：积极为文化界人士搭建创作载体，鼓励出版宣传、讴歌五阳湖的文学作品、绘画作品、摄影作品，在每年的春节都有大量的摄影爱好者将五阳湖的春、夏、秋、冬作品展现给大家；通过文字、图片资料向游客展现自1959年建库以来的水库发展史，从而让游客更加了解水利风景区的独特性和重要性。

优化服务管理，高度重视员工队伍建设。景区规划建设高品质的服务环境，对景区的人员管理、素质要求、学习培训、考核奖惩及景区的安全管理等均作了科学规划，努力使游客在景区中能时刻体会到“宾至如归”的感觉。

强化安全管理，落实防灾安全。景区建立了防灾系统，重点是防森林火灾以及人为引发的火灾等。

汛期时，严格按照区防汛指挥部的要求，遇暴雨时，及时对景区道路及旅游路线等进行安全巡查，及时排除不安全因素。积极与林业部门和当地镇、村合作，防范山林火灾。加强对人为引发火灾的控制，宾馆、饭店、娱乐设施等均严格按照标准配置消防设施，对景区用火实行专人管理，严格限制，切实防止人为引发的火灾。落实工程安全，道路路基工程、攀爬抓手、栏杆等工程均严格按照质量标准进行建设，不合格的坚决返工；建成后，定期进行巡查和维护，发现隐患及时处理。落实游乐活动安全，水上活动、登山等游乐活动均落实了相关的安全防范措施；景区还设立报警点和医疗救护点，负责景区治安和紧急救援工作。通过以上措施，为游客营造了“舒心、放心、安心”的旅游服务环境。

解决问题“有一套”

由于五阳湖水利风景区尚处于全面开发初期，开发资源的政策、法规不配套，开发手段比较单一，特别是融资渠道少、融资安排比较困难，旅游接待能力有限，广告宣传力度和思想认识都有待提高，餐饮娱乐业不够发达，旅游人才有待开发等一系列后续经营问题，又一次摆在了景区管理者的面前。对此，景区管理者迎难而上，针对新问题、新情况研究解决的新办法。

在对景区开发的投入上，以政府为主，发挥资源价值在融资中的杠杆作用，逐步吸引民间资本和资本市场的力量，建立多元化投资体系，鼓励水利风景资源作为资本要素进入市场，制定积极的政策，改善投资环境，招商引资，拓宽融资渠道。并充分利用水利专项资金、景区管理单位综合经营收入、社会资金、银行贷款等，有偿投入，逐步回收，滚动发展，形成多元化投资格局，打破资金瓶颈，为风景区基础设施建设提供资金保障。加大了对风景区生态环境建设资金的投入和建设力度，改善并提高了风景区公共设施、社会福利设施质量及道路交通状况，形成资金投入、景区建设、资金回收与再建设发展的循环格局，使景区得到可持续发展。

将开放的理念融入到水利风景区建设与发展过程中，以景区建设管理单位的工作成效，水利人艰苦拼搏、无私奉献的精神及水文化等多方面加大宣传，从而建立水利风景区良好的社会形象。多与新闻媒体沟通、联系、合作，通过电视、报刊、网络等进行多种形式的宣传，展示水利风景区风采，提高水利风景区的知名度和美誉度，逐步扩大影响，开拓水利风景区发展前景。

另外，景区积极提高对于水利风景资源的价值认识，提高人民保护水利资源的意识，共同推进景区的建设和发展；不断加强餐饮娱乐业的经营力度，提高旅游接待的能力。同时，集中精力建设一支服务质量过硬、管理水平更高的旅游管理队伍，更好更快地提升淄博市的水利旅游服务水平。

人水和谐看增江

—— 广东省增江画廊国家水利风景区

远眺增江两岸，山清水秀，古树参天，风光旖旎。若船在水中行，有如人在画中游，其乐无穷。

其实，来到广东增江画廊水利风景区不仅仅能看到如画美景，更能感受到人工建设美景的匠心独运。经过多年的建设发展，秉承国际化水平移植先进发达项目的理念，以流域人水和谐的水利水电工程体系和天然河道为依托，增江画廊水利风景区已经成为一个公益型的可供开展观光、娱乐、休闲、度假、科教及文化活动的场所和水利景观带，并发

挥了良好的社会效益、生态效益和经济效益，为城市经济发展和生态建设作出了突出贡献。

自然与人工的完美结合

增江画廊中心景区起点位于增江下游的初溪水利枢纽工程，终点位于正果湖心岛景区，全长约 35 千米。在增江河水的映衬下，增江两岸的天然林带和人工改造的景观园林犹如一幅巨型的山水画卷，故此命名为增江画廊。

增江画廊的延伸景观为上游派潭田园生态景观、温泉区和白水寨水库调节形成的高落差瀑布等多个景观，犹如彩练穿明珠，形成了一组天然与人工景观相映成趣的增江景观带。

画廊东岸以增江街沿江自行车健身道为主轴，结合田园风光和原有自然景观及历史人文资源，当地管理者打造了增江公园、雁塔飞虹、南山凤塔、水乡龙舟屋、三桥倒映、联益亲水码头、沿岸钓鱼、光耀乡村码头和古木奇树、百年飞榕、榄园竹园等十多个主题景点。画廊西岸景区有天然泳场、生态湿地公园、雁塔公园、西堤体育公园、荔江公园、滨江公园、莲塘春色、月亮湾公园和约数十千米的自行车健身路径等多个游览景点。

美景常有，但天然美景和人工造景的完美结合却不常有。为打造增江流域科学合理的防洪工程体系，当地管理者于全流域新建和改造了一批水库、堤防、水闸、拦河坝及水电站等种类齐全的水利水电工程系列，凭借多年建设的安全型、清洁型、生态型小流域治理成果，大大改善了增江流域防洪、灌排和生态条件。尤其是初溪拦河坝枢纽的建设，不但调蓄了区间径流，改善和扩大了灌溉面积，提高了河道防洪能力，而且规划的一个重要功能是营造水景观，改善增城市区的生态环境，打造山水城市，很好地发挥了工程的多重效益。

开发与保护并重

景区的建设不是一朝一夕之功，作为改善当地投资软硬环境的重点工程和民心工程，增江画廊景区的建设得到了增江市委市政府的高度重视和大力支持。市委市政府成立了增江画廊水利风景区开发建设指挥部，由市长亲自担任总指挥，各职能部门为成员单位，按各自的分工落实建设项目和资金，为加快推进增江画廊景区的建设提供了有力保障。

增江画廊水利风景区在开发过程中，景区管理者坚决遵循“资源保护第一，营造人水和谐，完善生态环境”的原则，将生态环境保护与修复工作放在首要位置来抓。

在水环境保护和质量方面，一是大力抓好水环境治理工程的实施，使污水排放控制、水土保持措施落实到位，科学调度上游龙门天堂山水库、梅州水库、大封门水库等优质水源，确保供水水质。二是景区不上易污染水质的项目，规划设计以河道观光游览、自行车健身和步行休闲为主，这些基本都是无耗水项目。三是科学划定观光区域范围，并利用下游拦河坝适时进行水体排放置换，确保景观水质。四是控制增江观光船只数量，并选用符合环保排放标准的煤气船和电瓶船只，确保水面不受油污污染。五是 2007 年以来沿岸各乡镇及增城市区实施了城乡一体化的垃圾集中处理，上游派潭镇已被列为广东省清洁型小流域综合治理示范点，村级配套了污水处理池，做到达标排放。六是住宿和饮食项目均设置在景区外的市区或乡镇，便于将污染物集中管理和外运处理，基本杜绝向水体直接排放污染物。七是环保部门定期和随机对增江水质进行监测，从多年环保检测来看，水质均保持在地表Ⅱ、Ⅲ类水标准，景区水环境质量良好，符合水功能区要求。

在水土保持质量方面，通过上游的小流域治理和两岸的植树造林、封禁保育等措施，水土流失治理率达 90％，两岸景区绿化面积占宜林宜草面积 85％，布局合理。景区自然生态资源保持完整，局部人为水土流失区域还得到了有效的治理和恢复，具有较强的观赏性。

在垃圾处理方面，沿途两岸观光区和生活区设置专门的垃圾存放和搜集设施，增设了保洁员，对增江水面漂浮物、生活垃圾，聘请了专业打捞保洁公司进行全天式打捞，确保增江画廊水面干净整洁，并将打捞上岸的垃圾每天坚持运送到市指定垃圾场堆放处理。

在生态功能方面，通过上述种种措施，保护和培育了生态环境。为进一步巩固成果，建立了“水环境治理为核心，资源开发做后盾，科学论证为依据，共同和谐发展”的机制，从而使景区步入良性循环，观赏品位逐步攀升。

发展中的成果

经过这些年的发展，增江画廊景区建设的成果显著，受到了当地老百姓的支持和赞许。

全社会关注水利、发展水利的认识明显提高。增江画廊水利景区的建设成效，改变了人们对水利工程单一“防洪灌溉”功能的认识，让人民群众充分享受建设景区和谐发展的成果，充分感受到了城市面貌实实在在的变化，极大地满足了人类原有的亲水性和天人合一的需求。建设增江画廊的成功实践再次证明，水既是农业的命脉，更是人类与自然相互依存的重要生活环境。水是城市的灵魂，人因

势，江畔豪庭、中坚豪庭、叠翠豪庭、江河湾、保利一号、碧桂园豪园、增城宾馆、小楼河鲜等一大批高档住宅、商贸餐饮业在河畔落户。

水而秀，城因水而灵，城水相依、和谐发展。

水利资源优势得到充分发挥。政府在水利工程上的高投入，实现了高回报，拦蓄形成丰富的水资源，在防汛排涝、保障供水、蓄水滞洪、农田灌溉等方面，筑起了坚固的用水安全屏障。同时也调节了生态环境，打造了优质的人居条件，改善了投资环境。

气候环境明显改善。通过景区的建设，增江水系和绿化带组合增效，水体自净显著提高，城市气候明显改善。在降低环境污染负荷、提高地下水位、调节温度与相对湿度方面发挥了巨大作用，增城市全年天气优良率达到98％。地表水达到了Ⅲ类水质以上，增江成为珠三角地区尤其是广州市河流水质改善最快、出境断面水质最好的城市之一。

水生态环境进一步修复。通过河道堤岸和滩地整治，实施湿地生态保护工程，两岸新增乔木、灌木、草本、水生植物100余种，动物资源中，鸟类有80余种，爬行动物、哺乳类、鱼类有60多种，景区水生态环境明显改善，人与自然更加和谐。

社会经济效益显著提高。增江画廊的建设凝聚了人气，聚集了财气，旅游人数逐年递增。增江画廊的建设极大地改善了投资环境，拉动了沿河地段建设用地大幅增值，成为增城投资兴业的热点和旺

成就中的展望

对于未来的发展，景区管理者做了一整套的发展规划，目标是将增江画廊打造成增城科学发展的一张亮丽的名片。以水域及水利工程为依托，利用沿岸优美的风景资源，在保证水利工程功能正常发挥前提下，科学配置基础设施和人文景观，开展观光、娱乐、休闲、度假及科教文化活动。

坚持以科学发展观为指导，正确处理好河道行洪与旅游项目开发之间的关系。在项目开发中，围绕河道工程安全和项目开发做好结合文章，统筹兼顾，确保安全。让人文景观与自然景观完美结合，将增城深厚的历史文化底蕴、丰富的旅游资源与增江画廊景区水资源相得益彰，把增城悠久的历史文化充分展现出来，形成增江画廊景区独特的旅游品牌，为增城市创建历史文化名城泼墨添彩。

精心谋划，加快和完善景区规划编制及实施工作。随着景区在增城市经济社会发展中地位的提高，增江画廊景区的建设和发展任务日益繁重。按照高起点规划的总体要求，启动景区总体规划修编，编制广告、景观提升、夜景亮化、露天表演、游船通航等专项规划，为景区今后不断发展和建设提供科学依据。景区规划审批后，通过新闻发布会、旅游推介会、交易会和互联网，宣传和挖掘水利风景区资源和区位优势，吸引优势资本、优选文化和科技含量较高的项目进区落地建设。同时积极探索市场化运作模式，在“市场化运作、产业化推进、企业化经营”方面实现新的突破，创造一流的投资环境。

吃透精神，用好国家及部门政策。当前水利风景区正处在保护与开发不断推进、不断探索、不断完善的关键阶段。下一步景区将严格执行《水利风景区管理办法》，认真研究相关政策，尤其是2011年中央1号文件精神，积极争取政府和河道主管部门对水利风景区的关心和支持，继续增加对水利风景区的资金投入和政策上的倾斜，争得更大的发展空间，创造更好的发展条件。

紫鹊界，红尘外云水间

——湖南省新化县紫鹊界国家水利风景区

紫鹊界水利风景区是首批世界灌溉工程遗产、中国首批重要农业文化遗产、国家级风景名胜区、国家自然与文化双遗产、国家 4A 级旅游景区、国家水利风景区。位于中国湖南省娄底市新化县水车镇，属雪峰山脉奉家山体系，最高处海拔 1585 米，总面积 120 平方千米。

紫鹊界梯田起源于先秦，盛于宋明，已有两千余年的历史，最早为苗瑶两族祖先开创，是南方稻作文化和苗瑶山地渔猎文化交融糅合的历史遗存，是人与自然的伟大杰作。它集自然美、古朴美、形态美、文化美于一体，特色鲜明、风格独具，有“梯田王国”之美誉。山有多高、水有多高，田就有多高。俗有“天下大乱，此地无忧；天下大旱，此地有收”之说。

紫鹊界梯田地处梅山腹地，古梅山经过漫长演化、沉淀、创新和融合形成的多民族的共同沿袭的独特地域文化——梅山文化，在这片热土上经久流传。这里民风淳朴，苗瑶风俗依然如故。山歌、民歌、情歌妇孺皆知，广为传颂；草龙舞、傩舞傩戏风格古朴、原始神秘；民居建筑、地方饮食、武

术、宗教等个性突出，富有浓郁的地方特色。

紫鹊界梯田无任何山塘、水库，但山高林密，生态环境原始优越，梯田依靠森林植被、土壤、田埂综合形成储水保水系统，凭借神奇独特的基岩裂隙、空隙水水源，构成纯天然自流灌溉工程。潺潺流水，四季不绝，久旱不竭，洪涝无忧，堪称人类最伟大的水田工程。其灌溉系统设置的科学性和实用性，可与都江堰、灵渠等著名的水利工程媲美，被誉为世界灌溉工程的奇迹。

紫鹊界梯田灌溉体系是数千年来中国南方山丘地区人与自然协调、水土保持生态系统、农业可持续发展与水资源可持续利用的典范。

紫鹊界的植物、土壤、田块综合储水保水工程，巨大的地下水库、天然的地下给排水网络、山坡细沟与田间输水形成的地面灌溉系统、精耕细作与田间蓄水可使农田有充足的水源。

正龙村 2014 年被评为“中国最美乡村”，2015 年入围“中国传统村落”。走进正龙村，你可以欣赏保存完好、堪称一绝的干栏式板屋群。这些板屋房龄已逾 200 年，集中成片，层层叠叠，

错落有致，分布紧凑，且都具有独立空间，种有蔬果、风景树等，各栋房子之间以石板路相连，楼群间透露出江南玲珑雅致的隽秀。

老马凼由两面大山并排耸立，这里的梯田坡度陡峭、险峻。好似天马飞落谷底，一鸣惊人。这里始终保持着几千年来的干栏式板屋建筑风格，梯田与民居融为一体，精致独特，大气磅礴。

月牙山的梯田排列有序、线条流畅、层次分明，像一条一条的等高线，极具形态美。茫茫山坡、层层梯田，整体布局恢宏；梯田小如碟、大如盆、长如带、弯如月，宛如天上瑶池，人间仙境。

瑶人冲梯田景观由两条山脊一个凼，形成一个“凹”字，西端山梁，从山下一直延伸到山

顶，多达200余级，似一座铁塔，梯田坡度都在25°—50°。这里抒写着瑶人开凿梯田的丰功伟绩。据文物专家考察，在这里曾找到过瑶人遗留下的瑶人凼、瑶人峒、瑶人屋场等历史遗址。

丫髻寨位于紫鹊界荆竹村，是紫鹊界的最高峰，站在丫髻寨，一览众山小，梯田全景一览无遗，梯田、民居、云雾构成一幅美妙的山水画。

链 接

新化县紫鹊界水利风景区位于湖南省娄底市新化县水车镇锡溪管区和奉家镇双林管区，涉及13个行政村，总面积120平方千米。从新化县城去紫鹊界，早上有从新化湘运车站到奉家镇的班车，路过紫鹊界。下午此班车返回新化县城。乡村公路在梯田中盘旋17千米，并有4条石板大道翻越紫鹊界通往风车巷、报木、双林、白水等地。

古城文化新鲜演绎

——黄委山东邹平黄河国家水利风景区

在山东邹平县，沿黄河大堤进入公园，就是黄委山东邹平黄河国家水利风景区。这里到处都是铺天盖地的绿，堤上堤下，树种繁多，林木参天，水声滔滔。

邹平黄河景区依托黄河工程和水土资源优势，积极打造“一带三区”工程，即黄河绿色生态观光带、梯子坝黄河景区、码头休闲农业与乡村旅游区、台子古城文化与生态采摘区。

这里的主要景点有黄河、黄河大堤、在建黄河大桥、引黄闸、梯子坝险工、百年枣园、万亩荷塘、现代高效生态示范园、台子古城文化与生态采摘等景观。邹平黄河景区是融旅游观光、休闲度假于一体的自驾旅游理想景区。

齐文化，民俗游

邹平黄河水利风景区依附气势磅礴的黄河大堤右岸。这里夏季的气温通常比邹平城区低，广阔的面积、凉爽的气候、清新的空气、黄河工程特有的景观、黄河岸边大面积的农田景观、平原森林景观，成了邹平县及周边地区居民释放压力、回归自然的理想去处。

黄河岸边码头镇邵家村，500 亩枣园摇曳生姿，是城里人农家游的好去处。这里有几百棵历经百年风霜，依然苍劲俊逸、枝繁叶茂的枣树，老枝新芽，倾听后人礼赞。春暖花开，百年枣树吐蕾绽放，细密的枣花散发着沁人心脾的清香；炎炎夏日，庄稼茂密，成型的圆铃枣在绿色枣叶间挂满枝头；到了“三两人家十万树，田头屋脊晒红云”的金秋，河上秋林八月天，红珠颗颗压枝园，林间采收，让人品尝丰收的喜悦，回味蜜枣的清香……

码头镇开发了休闲农业与乡村旅游区，境内水系纵横，目前已建成千亩荷园。进入景区，随处可见荷塘星星点布，水韵荷香，清丽意境，可观赏五色荷花，体味万双彩蝶醉花丛那种超凡脱俗、身入仙境的梦境；又能荡波荷塘，采莲荷下，或在荷花丛中闻香品茗，都是最惬意的消遣。

现代高效生态农业典型示范园，坐落于有“文化古城、黄河明珠、绿色台子、江北水乡”之称的台子镇黄河滩区，水土资源纯净无污染，生态环境得到良好保护。园区规划面积 2 万亩，计划投资 1.66 亿元，2013 年建设完成。

台子古城文化与生态采摘区，坚持传承齐东精神，弘扬齐东文化，建设幸福台子。重点打造的齐东遗址拟建公园，面积约 15 亩，通过遗址现场的剖面展示、复原展示等形式，形成一个点线面结合的大众化齐东文化认知体系，传承弘扬古齐东文化重农重商、重礼兴学的优秀传统。

人物谱，故事多

今邹平县为原邹平、长山、齐东三县合并而成，环境优美，地阜物华。三县历史悠久，文化

传统源远流长，后李文化、北辛文化、大汶口文化、龙山文化、岳石文化等无不体现出邹平先民勤劳智慧和文明的灿烂历史。

邹平县是一块山清水秀的宝地，自然也少不了名人涉足，人杰地灵是对这里的真实写照。战国时期，陈仲子辞楚相，隐居长白山中，终日为人灌园；宋代范仲淹苦读醴泉寺，终成一代名相；明末顾炎武游历山东，寓居长白山，参校《邹平县志》；清代王士祯足迹踏遍长白山，博闻考记，作《长白山录》。

历史上邹平县人才辈出，秦末伏生传《尚书》名闻天下，晚唐段成式撰《酉阳杂俎》播芳四海，五代田敏删定《书仪》、校刊《九经》，清初张实居寄情山水、独标诗坛，马骕推出力作《绎史》；民国以来，著名学者梁漱溟创办山东乡村建设研究院，推动乡村建设运动，文化战线涌现李广田、刘建庵等一批著名的文学家、艺术家；新中国成立后，县内又有鲁迅研究专家薛绥之、训诂专家郭在贻、美术专家张道一、音乐专家银星等，皆在中国文化史上作出了巨大贡献。

列、绿叶婆娑，坝下林木郁葱、杨柳依依，坝头公园，草坪铺地、灌木过渡、树株横穿、标准化石垛点缀，构成了一个高标准、多形式、多色彩、大景观的工程框架。

孙武黄河大桥起自惠民县姜楼镇西，接国道 220 线，止于邹平县官道村北，接山东省道 242 线，全长约 18 千米，其中大桥长 3.325 千米，主桥长 990 米，引桥长 2.335 千米，均按一级路建设。孙武黄河大桥由山东立豪担保投资有限公司与惠民、邹平两县交通局共同出资兴建，总投资 9.3 亿元，不但对邹平、惠民两县经济发展起到巨大的拉动作用，也将有力地推动黄河南北经济交流和产业对接，对南方发达省市与京津冀及环渤海经济圈的经济人员往来具有重要作用。

引黄闸，一头连接黄河，一头进入千万家农田，放水时节，每秒几十立方米的水流，浊浪翻滚，汹涌澎湃，犹如一条黄龙，奔腾咆哮，气吞山河。

建水利，做景观

景区内水利工程平时流水淙淙，温言细语，滋养两岸生灵；汛期浊浪滚滚，大江东去，造就壮观美景。

黄河梯子坝险工位于码头镇北部，被誉为“黄河险工第一坝”，因坝体形似架于黄河之上的长梯而得名。始建于清光绪十年，即公元 1884 年，为保护齐东县城而建，有坝岸 7 段，南接大堤，北插河心，高宽皆与大堤相似。土坝基总长度达 1640 米，被列为“黄河之最”。如今的梯子坝，坝头巨石排

链 接

黄委山东邹平黄河国家水利风景区内水利工程包括东西 22 千米的临黄大堤，1 处险工，3 处控导工程以及 2 处引黄闸，设计引水能力 50 立方米 / 秒，是邹平县经济社会发展的水源命脉。邹平黄河水利风景区依附气势磅礴的黄河大堤右岸，从邹平县码头镇黄家村原址西北至台子镇北董村原址处，东西长约 22 千米，南北均宽约 15 千米。景区属温带大陆性季风气候，四季分明，但更迭不均，冬夏季长，春秋季短，大陆性和季风性明显。

多彩水世界

——贵州省遵义市大板水国家水利风景区

山中处处流水潺潺，四季溪水长流，清澈透明。山溪、瀑布、水潭、泉水、温泉、水库、溶洞、地下河等水景形态多种多样，丰富多彩，赋予了大山娟秀的灵气。位于历史文化名城遵义西北的大板水国家水利风景区集合了贵州凉爽、原始的风光特色。

贵州保留了许多原始的自然风光，喀斯特地貌造就了这里独特的地质奇观，亚热带经年的降雨让这里水源充沛，植被茂密，大、小板水数十条小溪，是遵义城区湘江河的主要源头。

山溪林泉 飞禽走兽

在大板水林区，有多少山壑，就有多少溪流。一条条弯弯曲曲的溪流顺谷而下，时而静静地注入山间深潭，时而哗哗地欢歌奔涌，飞泻直下形成山间瀑布，轰然的水声，给宁静的沟谷增添了天籁音韵。溪水四季清澈见底，水底卵石明晰可见。溪边时有动物饮水，水中常见小鱼游动。沿溪两岸，树木葱绿，花果飘香，鸟语阵阵，令人神清气爽，心旷神怡。

等各种野生动物活动频繁，给幽静的环境增添了无限的生机和野趣。奇妙的山水和动植物组合，使大板水成为天然的动植物乐园，极具森林观光、探险和生物科普旅游价值。

云海夕照 山峦起伏

位于景区西部的聚仙洞景区，在面积1千米范围内由石灰岩形成的山峰群，山峰高40—80米不等，个个浑圆秀丽，错落有致，好似一盆天造地设的山石盆景，既有桂林山水的灵秀，又有黔北高原独特的神韵。

大板水具高原湿润气候特点。良好的气候资源和较大的垂直高差，为区内不同生态环境和生物景观的形成创造了条件，在区内随海拔变化形成不同的气象与物候景观。

“万点灵灯开佛界，一声清磬失樵踪”，金鼎山上，夏日夜幕初降时，纵目远望，于暮色苍茫中，有时可见灯火如星，隐约闪烁，浮荡空际，忽暗忽明，若远若近，高低飘浮，起灭不定，不久烟锁雾横，星火即逐渐消失于黑夜中。此景奇幻无比，已有上百年的文字记载，民间亦称为“神灯朝佛”。

在白云台，由于山高坡陡，四周是沟谷，湿度大、云雾多，构成了产生云海的良好自然条件，夏观云海，冬赏雪景，四季朝迎日出，暮送晚霞。瞬息万变的气象景观，增加了白云台的神秘感和梦幻感。

景区内的溪流，落差多在300—500米，形成了数十处奔涌飞泻的瀑布与跌水。三叠水水石相击，声如战鼓雷鸣，空气负氧离子含量极高，春夏时节凉心沁脾；仙人水瀑布从横山子悬崖与绿林间喷吐而出，在阳光照射下胜似彩虹，壮丽而秀美。

大板水国家水利风景区孕育了丰富的生物资源。据调查，境内有银杏、篦子三尖杉等国家重点保护植物18种，云豹、猕猴、灵猫、穿山甲等国家重点保护野生动物21种，各种珍稀植物、奇花异草随处可见；林中鸟类、松鼠，溪中小鱼、蛙类

链接

贵州省遵义市大板水国家水利风景区位于历史文化名城遵义市西北13千米处，面积3132公顷。公园由四大景区组成：大板水森林游览区、聚仙洞地质景观区、玛瑙湖山水景区、金鼎山宗教文化观光区。

大板水溪流水体水质优良，达国家地表水环境质量(GB3838-2002)Ⅰ级标准。大板水、小板水汇入马老岩水库最终流进海龙水库，是海龙水库的主要水源。

由于景区内植被覆盖率高，涵养水源能力强，加之充沛的降水，使景区内形成丰富的地下水，水质优良，以碳酸岩岩溶水和碎屑岩孔隙——裂隙水（埋深10—40米）为主，多以泉水出露，泉水流量一般在1—2升/秒，最大的后庄沟泉水流量约6升/秒。现有金鼎圣泉和牛蹄温泉已进行开发，以满足游人和城区人民的生活用水需要。

沙水传奇

——宁夏回族自治区中卫市腾格里湿地国家水利风景区

在内蒙古阿拉善左旗与宁夏中卫接壤处，有一片奇异的土地，这里千百年来演绎着大漠的故事，每当夜幕降临，悠悠贺兰山狼嗥声声，沙丘下虫鸣阵阵，不远处，黄河水由南部奔腾而过，形成一段专属于腾格里的协奏曲。

久居城市，不知从何时起，人们开始热衷于徒步穿越沙漠。前方不远处，植被的阴影给四周增加了几分神秘感，幽静之间，起伏的大漠上几缕金色光芒闪闪烁烁——那是反射了大漠夕阳的腾格里湖泊。在中卫市腾格里湖国家水利风景区，我们仿若见证了沙与水共同演绎的奇迹。

沙水情缘 天地一色

随着悠扬的驼铃声来到腾格里湖水利风景区，蓦然间发现前方大片的水波粼粼，绿意葱葱。腾格里沙漠东南边缘有丰富的地下水资源，在低洼处露出地面，形成了罕见的沙漠湖泊。7 个大小各异的湖泊分布在景区内，形成了景区的核心景观。

都说“水往低处流”，不过，在腾格里湖景区，这个规律就要被打破了，在高高低低的沙丘上，湖面碧波荡漾，错落有致地形成了独特的自然奇观，仿佛爱丽丝的梦境一样。奇特的自然现象为旅游项目的开发提供了独有的条件。乘舟游荡，湖面波光粼粼，天和地仿佛融合在了一起，分不清到底是在人间还是在天堂。这种奇妙的感觉，人生又能得几回?

腾格里湖的名字充满了大漠的情怀，高墩湖、马场湖、蓑草湖……七个湖面犹如北斗七星排列在无垠的腾格里大漠，每到春秋候鸟迁飞时节，但见“落霞与孤鹜齐飞，秋水共长天一色”。一万多亩的水面上，浩浩渺渺，波光潋滟，蒹葭簇簇，港汊纵横；微风一起，吹皱一池湖水，泛起层层涟漪，芦苇摇曳，惊鸿低掠，湖光沙色、水天相接，天地一色。

景区的沙与水吸引了国内外游客，景区将湖泊、沙造林、杨树林、小溪、泉眼、湿地等自然景观结合，相映成趣，构成了一幅幅幻化无穷、令人神往的画卷。

大漠孤烟 永恒经典

悠扬动听的马头琴，和硕特蒙古族青年男女在腾格里沙漠引吭高歌："腾格里，长生天……" 在蒙古语里，"腾格里" 是草原永恒的神灵，是灵魂的依托。

古时的边疆情缘从来到腾格里的瞬间起便没有消散，从西南到东北，一段沧桑的长城横贯景区。这段长城乃汉代兴修，明代又在汉代的基础上重修。经历了千百年的历史沧桑，风雨洗涤，它虽然肢体残缺，千疮百孔，却仍然傲然挺立，似乎在向我们讲述着当年的故事，同时，也雄辩地证明着这里作为军事要塞，曾经有过的辉煌历史和显赫地位，以致形成重要的边塞文化。

像游牧人一样流浪在这西北的旷野中，走遍广袤的草原和荒凉的戈壁滩，像蒙古部族一样以"苍天"为神，就不能不看永恒的日出日落，大漠孤烟。

每到腾格里的日出日落之时，滚滚的黄沙在大自然的调色板上就变成了神奇的蓝色，分不清哪里是沙，哪里是天。慢慢地，大漠染上了一层金黄，给予了腾格里沙漠色彩、喜悦、温暖与活力。一轮红彤彤的太阳披着万道金光从地平线缓缓升起，利刃一般直冲人间，撕开黑暗，迎来新的一天。当夕阳西沉，寒冷悄然而至，随着日落而来，蓝的天，绿的树，倒映于湖水之中，水天一色，令人叹为观止。

链接

腾格里湖国家水利风景区位于宁夏中卫市30千米处，景区内有灌木丛、草甸、草原、草原沙生植被、荒漠和沼泽植被6种植被形态，其中沼泽植被群种有芦苇、菖蒲、苔草等多种，群落覆盖度达60—90%。

另外，风景区内有136种鸟类，其中黑鹳、大天鹅、金雕分别属于国家一、二级保护动物，草鹭、大白鹭、大杜鹃、北朱雀等38种属于中日候鸟保护协定保护品种。又由于地下水源充足，植物众多，鱼类相当丰富，以鲤鱼、草鱼、鲫鱼、鲢鱼、鲇鱼为主。

腾格里湖国家水利风景区的发展，占据了先天的区位优势，与沙坡头、水梢子、通湖草原、大漠边关等10多个景点有机地串联成一条旅游环线。独特的地理条件和生态环境造就了各种独特的自然景观，与高墩庙、龙宫庙等古代建筑交相辉映，形成了山、水、林、桥融为一体的独特风光。

景区在建设上主要体现沙漠湿地生态建设，所有建筑都采用欧式风格，并与生态环境、历史文化氛围相呼应，同时设有游客中心，为游客提供咨询、休息等服务。五星级酒店正在筹建。

水韵奇峡

——陕西省商南县金丝大峡谷国家水利风景区

绵延起伏的秦岭，孕育出万种风情的生物，千沟万壑的尽头，成为水的源泉，成就了祖国伟大的父亲河——长江。神奇壮美的丹江源便发源于驰名中外的、美丽的金丝大峡谷国家水利风景区。

金丝大峡谷国家水利风景区规划面积 41.6 平方千米，景区以金丝大峡谷这一“国内最窄，世界罕见”的“中国最美的大峡谷”的独特自然资源为依托，以丹江源水体景观、丹江漂流、太吉河、莲花湖开发为主体。

森林资源丰富多彩

景区内既有温带、暖温带落叶阔叶树种，又有亚热带常绿、落叶阔叶树种，植物多达 1696 种，脊椎动物 219 种，是鸟类的乐园，这里美丽动人、千奇百怪的飞鸟随处可见。

景区保存有秦岭地区面积最大、最古老，被称为“植物活化石”的短柄枹栎林带，生长着红豆杉、珙桐、山白树、水青树等 30 多种珍稀植物，并形成了“石抱树”“树抱石”“石生树”等天然奇观。参天的大树，缠绵的古藤，葳蕤的花木，“秦岭第一兰花谷”成为金丝峡基因库、生态旅游的亮点。

水体景观异彩纷呈

金丝峡地区是滔河、冷水河、耀岭河、开河、小河五河源头，源泉密布，水质清澈，长流不息，泉、潭、湖、瀑比比皆是，多姿多彩，在丹江源景区 2000 多米峡槽里，分布着大小不一、形态各异的 12 级钙化瀑布群，落差几米至几十米不等。瀑潭相连皆妙趣，远近高低各不同，有的像珍珠翡翠，有的若彩虹现身，有的如倩女秀发，一瀑一形，一潭一韵，恒久鲜活。这些瀑布由黑龙泉、钓鱼泉、水帘泉、马刨泉、深水泉汇聚而成。

叮咚的泉水至清至洁，清则晶莹剔透，洁则纯净无瑕，静者凝成千潭美玉，动者挂作万壁珠玑。潺潺溪流，犹如琼浆玉液，依山穿洞顺涧而流。悬者为瀑，落者为潭，去者为湍，停者为泓，立者独秀，卧者蜿蜒，有一种沁人心脾、穿透肤骨的清爽；头顶蓝天白云，身依碧水青山，置身高峡幽谷之间，感受古老而又年轻的太子河永远鲜活的美，自然的美，原始的美，流动的美，有一种超凡脱俗、物我两忘的清新体验。

天象气候奇异迷人

雪景、雨景、雾凇、雨凇、云海、夕照。石燕寨的日出、鹊桥上的彩虹、仙人湖上的晨雾、瀑布群的冰雕等，更是美不胜收、妙不可言。

金丝峡尽享天时地利人和。这里冬无严寒，夏无酷暑，气候温和，四季分明；这里有看不完的蓝天白云，吸不尽的清新空气；这里有人间至清的山泉，世间最美的阳光。

古老与现代交织，文化与自然共生，热情与美丽交融的金丝峡，正以非凡的气度打造国内一流国际旅游知名品牌，并正在走出国门，走向世界。

链 接

金丝大峡谷国家水利风景区地处鄂、豫、陕三省八县交会处，沪陕高速、西合铁路、312 国道横穿县境，交通便捷，四通八达，距西安、南阳、十堰均不足 3 小时车程。

金丝峡总面积 60 平方千米，景区以金丝大峡谷这一“国内最窄，世界罕见”的“中国最美的大峡谷”的独特自然资源为依托，以丹江源水体景观、丹江漂流、太吉河、莲花湖开发为主体。进入景区内，犹如进入一个“山水画廊”。而它完备的设施，人性化的服务，让人们尽享水韵风情，放飞梦想。

绿色生态湿地庄园

——山东省无棣县黄河岛国家水利风景区

在这里既能体会到远离喧嚣都市、回归大自然的质朴，又能尽享海上游乐的浪漫激情，原始神秘的自然风光和渤海湾独有的海岛风情相映成趣。自然与人文和谐交融的综合性景观是对黄河岛国家水利风景区最好的诠释。

沿海生态湿地鲜明

黄河岛景区水域广袤，景色醉人，荡舟水上，如在画中游走。天晴时，碧水、蓝天、白云、晚霞，构成了“落霞与孤鹜齐飞，秋水共长天一色”的佳境，美不胜收；阴雨时，伫立船头，看云遮雾绕的水面，“青水碧于天，画船听雨眠”的胜景使人流连忘返。

景区内四季分明，气象万千，景色秀丽，全年均适合观光游览。春天，时而斜风细雨，雾霭沉沉；时而阳光明媚，百花盛开。夏日，绿树成荫，枝繁叶茂，凉风习习，鸟语花香。秋天，鱼肥虾美，捞金网银。冬日，银装素裹，分外妖娆。夕阳西下，站在大坝远眺，山后村新景尽收眼底。夕照的余晖落在水库，蓝天笼罩在水面上，蓝色缎幅仿佛要飘落在金花银花交织的锦缎上。入夜，平湖映月如镜里藏娇，皓月当空，烟波荡漾，水中月动星移。天空流云行月之际，这里就像蒙上一层缥缈的白纱，恬静而神秘。

景区宛如一幅优美的画卷，荡舟水库，四周绿树青青，湖面烟波浩渺，邻船轻盈驶过，溅水成雾，击浪飞鱼。与南岸的东山后山、西山后山居民新居遥相呼应，北靠生态水系万亩林海，林木葱茏，环境优美。船至水库中心，放眼望去，群岛矗立，百鸟飞翔，风景如诗如画，当西边的太阳在远山边缓缓下沉，落日余晖映照着远处民居的袅袅炊烟；勤劳的人们赶着牛羊踏上归途，波光潋滟的湖面上，惊起一滩鸥鹭。

绿色庄园好休闲

黄河岛国家水利风景区四面环水，海、河交汇，秦口河、套尔河环抱左右，宛如镶嵌在渤海岸边的一颗璀璨的明珠。岛外富有沿海生态湿地鲜明的滨海自然景观——潮涨潮落、岸边垂钓、芦苇环绕、海鸟飞翔；同时，岛上又呈现出一派浓郁的田园风光——草原牧场、瓜果飘香、绿树成荫、鸟啼蛙鸣。

黄河岛上主要景区有：黄河岛商务会所、“金沙滩”海水浴场、万亩生态观光林、有机果蔬采摘园、高尔夫训练场、赛马场、大型户外竞技等休闲娱乐场所，并配置了豪华游艇、仿古画舫船、摩托艇。防潮堤坝、黄河岛水库、环岛柏油路、码头及自来

水、供电、通信、宽带等基础设施配套完善。在这里既可开展丰富多彩的文艺活动，又可组织健身娱乐活动，轻松惬意，悠闲自得。

目前黄河岛水利风景区整体开发规划已列入山东半岛蓝色经济建设规划、黄河三角洲开发重点项目和生态旅游总体规划。未来的黄河岛将打造成为集环渤海经济圈、黄河三角洲生态旅游、度假休闲、休养保健为一体的“绿色生态庄园”、中国最大的山水诗画城市及蓝色文化创意平台，重现江南水乡、世外桃源和海上仙境。

链接

黄河岛国家水利风景区位于山东无棣县东北部，濒临渤海，总面积39.5平方千米，系黄河古道、大禹疏通九河的入海处，黄河三角洲腹地、滨州临港产业区的中心。景区毗邻滨州北海新区，距离无棣县城45千米，距离北京仅2.5小时车程，天津滨海新区1小时车程，地理位置优越，交通便利，环境幽雅。

以幸福为名

——河南省柘城县容湖国家水利风景区

有这样一汪湖水，它由洪水屡次冲灌逐渐形成，历经灾难，饱经沧桑，最终滋养了柘城，造就了柘城的一派田园风光。作为商丘市唯一的一个内陆城湖容湖，依据河南商丘这片历史深厚的中原大地，人与水，水与城，共同构筑了一个大美容湖。

以幸福为名

容湖像母亲湖一样，养育了柘城这一方水土，人与水的相融，已经是不可分割的整体。为了让这样一汪湖水发挥更多的效益，利用好容湖水利资源优势，丰富柘城人的文化和精神生活，一个“以幸福为名”的容湖水利风景区建设方案被敲定下来。

容湖国家水利风景区一年四季水禽各异，有天鹅、白鹭、鸿雁、野鸭等 20 余种。容湖和千树园景区栽植银杏、桂花、玉兰、雪松园林景观树木及乡土树木 136 种、4 万余棵，林深叶密，栖息有猫头鹰、金雕、喜鹊、百灵、布谷等各种鸟类 42 种，还有野兔、刺猬、狗獾、草蛇、山鸡等 11 种野生动物出没林中。容湖内种类繁多的动植物与田野、树林、湖光的结合，激发了人们回归自然、放松心情的渴望，每逢双休、节假日，柘城县及邻近地方的游客慕名而来，租船游湖的人就排成长队，儿童乐园座无虚席，千树园景区里人头攒动，每晚都有大量的群众到容湖景区休闲纳凉。

容湖生态公园的兴建惠及了生活在城区的 10 余万居民，不仅极大地提升了城市环境质量，还提高了沿湖建设的住宅、商业、娱乐设施等不动产价值，增加了就业机会。

积淀文史民俗

柘城的风韵，离不开容湖。容湖是一个旧城湖，明朝嘉靖年间，黄河决口冲灌，此后逐渐形成了这样一个自然的湖泊。容湖面积 1.76 平方千米，从形成以来，水体面积保存完好，未见萎缩，成为柘城县极具特色的城市景观资源。

同时，商丘大地也给容湖水利风景区镀上了一层深厚的人文色彩。

在风景区周围，散布着明旧城墙遗迹、妃子庙、白瓷塔、锦鸡园等多处历史人文景观。在锦鸡园的围墙外，依次建筑有山门、锦鸡殿，是一个集历史人文景观和现代文化娱乐于一体的活动场所。

丰富的民间舞蹈，也让人们的生活更加多姿多彩，狮子舞、龙灯舞、竹马、旱船、小车、鬼会、高跷、钢叉、秧歌、腰鼓等表演形式保留了原汁原味的民俗特色。

柘城正在将容湖水利风景区建成集生态旅游、休闲、度假、科普宣传为一体的生态旅游区，并将更充分地利用好众多的历史遗迹和文化遗产，谱写柘城旅游发展新篇章。

链 接

容湖国家水利风景区位于河南省柘城县县城内，由容湖生态公园、千树园两大景区和余河坡两岸绿化带组成，共 40 多个景点，计划总投资 10.8 亿元，其中水面积 3200 多亩，平均水深 5 米左右。

容湖国家水利风景区始终贯穿着保护资源与开发相统一的方针，先保护后建设，修建了未来大道等容湖景区道路。在生态旅游区内，水、电、路三通为游客提供了完善的服务，各类游船 100 多艘，50 多家餐饮饭店等待游客光临，游乐设施和景点达 60 多处，管理和服务基础设施齐备。2011 年，柘城容湖被评为国家水利风景区。

中国山水1903

水乡奇葩

——江苏省淮安市樱花园国家水利风景区

淮安是水乡，也是敬爱的周恩来总理的故乡。密布的水网，丰饶的土地，使淮安成为闻名遐迩的天下粮仓。占地面积950亩的樱花园就坐落在淮安市淮阴区境内的古黄河畔。

淮安市樱花园原先是荒废的古黄河滩地，水土流失面积达95%。樱花园经过13年工程与生物措施的有效治理，终于变荒滩为绿洲，化腐朽为神奇，成为风光秀美的水利风景区。

周总理生前尤爱樱花。将这块水土保持示范科技园取名为樱花园，其实寄托着淮安人民对周恩来总理的一片情谊。

花香满园人自醉

樱棠苑可谓是樱花园的神采所在了。几十个品种、上千株的樱花，和一起种植的海棠相拥相簇在一起，在春天成为一片花的海洋。满园樱花，或妩媚多姿，或轻盈娇妍，可谓芳香四溢、香透满园，其诗情画意令人陶醉。和樱花一起生长的海棠花丰满而淡雅，初放时仿佛胭脂点点，怒放时又似云霞片片。花落时则宛若淡妆，加上它的枝繁叶茂，整株海棠显得更加娇艳动人。两种花在春季里相互映衬，成为樱棠苑最动情的诗篇。

“魏紫姚黄夸国色，屈兰荀坐衬天香。闲品香茗真羽士，漫看秀色若蓬瀛。”无论是牡丹亭前看牡丹，还是逸仙长廊品香茗，那花瓣飞翔的翅膀上，品味出的往往是生活的喟叹和心境。在亭、阁、楼、廊里小坐，在弯曲小径上徜徉，那草坪上晨练的人群和那河岸边清脆的笛声，成为樱花园生动而迷人的剪影，给樱花园增添了神采和气韵。镌刻在亭、阁、楼、廊上，取自王羲之、米芾、文徵明的名家手迹的90余块匾额，让人在时代的气息里，回味着淮安拥有的繁华和历史。

石水桥的协奏曲

樱花园在造园过程中，以桥为主线和引领，突出“水”和“石”这一主题，让水和石在空间变化中求得对比，获得统一。

揽胜桥是樱花园最长的一座桥，也是樱花园的山门。从揽胜桥自西向东，分别有卧龙桥、金川桥、花王桥、仙女桥、鹊桥、揽月桥、问梅桥八座，每座桥的名字里，都有一段优美的民间传说和历史故事，使樱花园更加贴近了生活，贴近了百姓。

人在桥上走，水在桥下流。通过水土流失治理后的古黄河水在流入樱花园之后，变得清澈纯净，微风过处，荡起阵阵涟漪。水城淮安，有大运河、里运河、古黄河、盐河四条河流穿境而过。作为对水城淮安水文化的呼应，樱花园也以四条小河织构成柔美的水网。在樱花园的小河里，睡莲花香，游鱼嬉戏，构成了生动和谐的美妙风景。

在樱花园，垒奇石共达60处，其中原生天然奇石11块，以“皱、丑、瘦、透”彰显着奇石的魅力。最大的鳌背观音，重达40吨。夸张有趣的石头，有如观音脚踩鳌背，仿佛观世音在碧波中乘风破浪，来到人间。散落在园内各处的，还有天狗望月、禹王石、神女峰、黄石公、洛神玉座等奇石，每块石头，都以不凡的仪态和神话传说，传达出樱花园独特的文化内涵，给少山的淮安平添几分峥嵘。

链接

江苏省淮安市樱花园国家水利风景区位于淮安市古黄河左岸的淮阴区境内，占地总面积950亩，东西长3100米，南北宽80—400米。全园紧扣“水”“石”这一主题，植物景观以樱花、牡丹为特色，作横向展开与纵向深入，力求“别具一格”，不搞重复建设，不仅具有秀丽优美的自然风光，还有众多底蕴深厚的人文景观。在总体层面，通过古黄河文化与古淮安文化的有机串联，众多景观资源和谐互融，形成了丰富而绚丽的景观群体。

古朴与现代兼容并存

——四川省蓬安县大深南海国家水利风景区

四川省蓬安县几次对枢纽工程的整治都是以景区建设为目标，特别是大坝景区。大坝坝顶为板石，防浪墙为条石，内坡采用板石护坡，外坡上部以网格条石加草皮护坡，下部采用网格板石和块石护坡，成就了大深南海风景区。它是四川省唯一保留条石古色古香、古朴典雅而没有使用现代建筑的景区。

大深南海水利风景区的范围是大深沟水库的集雨面积和库尾的白云山万亩国有林场，共计 21 平方千米。山峰海拔在 600—800 米，库区内涉及 3 个乡镇 9 个村，农耕活动较少，林地在 80% 以上，水库水面近 1 平方千米，水深在 30 米以上，有山有水，山水兼容，是人们休闲度假、疗养、集会、旅游的胜地。

追忆古色古香

景区水面面积 1000 余亩，以其幽、深、秀、奇而著称，水域宽阔，碧波荡漾，湖周群山环抱，层峦叠翠。景区内生态环境优美，空气清新，是著名的天然氧吧，气候宜人。

库内植被花草茂密，沟狭林茂，怪石林立，湖光山色，秀丽无比。湖水水面悠长，湖中有岛、半岛，湖旁多湾、峡谷，两岸或悬崖峭壁，或密林飞瀑。

有数百种植物和动物，如松、柏、杉及岩鹰、白鹤、白鹭等。大坝对岸有 300 余亩的周家坡半岛和狮子梁，库尾有 3 千米的峡谷和悬棺地带、瀑布、古石平桥、石拱桥，又与万亩国有林场连为一体。景区内的南海大峡谷，植被层次分明，葱茏滴翠，犹如一幅浓淡相宜的水墨丹青，空灵而幽静。

景区所在的蓬安县历史悠久，文化底蕴深厚，尤其是佛教文化气氛甚为浓厚，远至唐代年间就有与峨眉山并称的寺庙禅院，如金天山寺、观音庙、凉风寺等，还有大量的摩崖造像。在库内离大坝 1 千米处，原来被毁的家庙已恢复为南海寺，众多善男信女前往顶礼膜拜，香火缭绕，钟鼓不绝。

修建于康熙、乾隆年间的石拱桥和石平桥，虽历经几百年岁月的磨砺，那古朴简洁的造型仍给人以美的享受。历代的文人墨客也留下了不少遗址古迹，如纪念司马相如的相如井，纪念苏东坡的来苏寺等。还有大量的古寨古堡，反映了明清年代的地方习俗与文化，也可谓别具一格，引人追忆。

景区鼓励当地居民参与旅游开发。民俗村落以原始村落为基础，保持原有建筑布局、房屋风貌，体现当地民俗特色，同时，也要充分考虑旅游接待的要求，在内部环境、软件服务方面需要按照旅游

服务标准进行改造包装。

大深沟村沿库区水岸线分布衔接水库大坝，是水库的居民聚集区，地势平坦，基础设施相对完善，紧邻318国道，地势开阔、区位好、环境优美，是风景区内重点地块之一，功能定位民俗活动、休闲度假。重点项目有川东民俗村、养生疗养中心、垂钓中心、青年客栈、农居客栈、森林木屋、滨水茶座、滨水休闲场、生态果园、特色水产养殖等。

开拓户外休闲

乡村休闲度假与都市休闲度假的一大区别在于乡村休闲度假是亲近自然的一种休闲方式，趋向户外休闲活动。大深南海景区管理者通过常设和专项旅游活动，以强烈的参与性，让游客在游览中亲近自然、舒适身心、享受生活，实现物质和精神的完美统一。

乘坐旅游观光船游览大深沟水库，可游长度达6千米。游客可欣赏两岸优美的自然风光，呼吸大自然的纯美空气，让人心旷神怡，流连忘返。然后去欣赏皇冠岛、南海寺、南海大峡谷等人文景点。或者直接下船爬山，体验大自然的神奇魅力，陶冶情操；或者在水库边上休闲垂钓，钓几条鱼，游客就能在现场加工食用，趣意盎然。这是大深南海旅游景区规划的一项参与式游乐活动。

光是走走看看还不过瘾的话，游客还可以参加这里的户外拓展运动。户外拓展运动是现代人普遍喜爱的一项体育健身活动，主要有高空断桥、背摔、水上泅渡、攀岩、悬崖速降等，它们能够锻炼人的胆识，培养团队精神和互信互助精神。水库东西两侧沿湖山地的周家坡、狮子梁区域，地形高低起伏，林相丰富，功能定位为生态体验、户外运动、拓展运动、山野休闲，重点项目有山地运动中心、热气球和热汽艇基地、攀岩、蹦极、拓展基地、滑草、卡丁车赛道、古道骑游、溯溪、自行车骑游、野营基地等。拓展训练备受推崇，其训练的独特创意和训练方式使人们产生了浓厚

的兴趣，同时也给大深南海增添了一道亮丽的风景线。

做好管理大文章

根据景区自然生态情况，景区的规划设计科学合理，并得到了逐步实施，达到了理想的效果。2006 年，当地专门成立了大深南海风景区管理委员会，建立了各种管理制度和人员岗位职责，健全管理机构，合理配备管理人员，做好景区管理大文章：消防、防盗、救护等设备齐全、完好、有效；交通、机电、游览、娱乐等设施完好、运行正常，无安全隐患；危险地段防护设施齐备、有效，标志明显。

认真执行旅游、公安、交通等有关部门的安全保卫制度，安全巡查定期定时，与罗家、兴旺两派出所建立了治安联防体系，有效维护治安秩序。

保持环境整洁，建筑物墙面整齐、无污垢。游览参观场所地面、道路平整，无污水污物，无乱建、乱堆、乱放现象，公共场所全部达到国家规定的卫生检测标准。

餐饮标准符合国家关于食品卫生的规定，配备消毒设施，未使用对环境造成污染的一次性餐具，餐饮住宿服务良好，明码标价，无价格欺诈行为。住宿条件优越，价格合理，卫生条件好，室内空气清新。员工经过相关部门培训，服务水平合格，无任何游客投诉。目前，景区客源不断增加，景区的知名度大大提高，为景区的进一步发展奠定了坚实的基础。

链 接

大深南海国家水利风景区位于四川蓬安县济渡乡境内，是司马相如故里，距南充、广安两市区 50 千米，南广高速公路入口 17 千米，蓬安县城 30 千米，广安邓小平故里 50 千米，仪陇朱德故里 80 千米，是将帅故里、三国文化游的节点。国道 318 线穿坝址而过，交通十分便捷。

大深南海属嘉陵江水系，河舒河上游，河道长 12.6 千米，集雨面积 21 平方千米，辖三个乡镇 9 个村，坝高 34.11 米，长 192 米，总库容 1051 万立方米，属冬暖夏凉型副热带湿润气候。库内具备山清水秀、沟狭林茂、怪石林立的自然生态优势。

人间奇景山水中

——山西省汾河水库国家水利风景区

站在汾河水库大坝观景台，极目远眺，青山如黛，郁郁葱葱；坝前碧波浩渺，粼浪层层；仰望天空，片片白云悠然而动，恬静安详；低视湖面，两岸青峦倒影，层层涟漪，如一块巨大的翡翠镜面。

这与山水融为一体的人文景观便是汾河水库水利风景区。作为汾河流域第一座综合利用的大型水利枢纽，其目前是世界上最高的人工水中填土均质坝，在国内外享有很高的知名度。经过50余年的发展建设，汾河水库已经由一座单纯的水利工程发展成为集旅游观光、住宿餐饮、会务培训、休闲娱乐为一体的水利风景区。

水之姿态　万种风情

坐落在群山环抱之中的汾河水库是山西省最大的水库。水库总库容7.21亿立方米，水面面积32平方千米，水质透明，水面宽阔，风平浪静。泛舟湖面，微风吹拂，清香四溢，对弈吟歌，心旷神怡。人绕水转，山随人移，人如画中行，山似水上漂，无限遐想，乐趣无穷。

如果有幸观看水库泄洪场景，定会为其磅礴之气势而震撼。放水时，一道长约六七十米、高约二三十米的巨大水柱喷泻直出，水浪追逐红日腾空

而起，滔天骇浪，若千军万马驰骋战场。在进水塔吊桥上观景，犹如登上邮轮出海。俯瞰水面，波澜壮阔，无边无尽；远眺峰群，姿态各异，其色若墨。不由让人想起陆游的《五云桥》："若耶北与镜湖通，缥缈飞桥跨半空。陵谷双迁谁复识？我来徙倚暮烟中。"

如古代淑女般的湖泊，碧波荡漾、明亮如镜的一片神奇的水域，一年四季风姿迷人：春天，微风吹拂，波光粼粼，岸边杨柳青青，撩人情思；夏天，水沃鱼肥，白天鹅、野鸭嬉戏其中，其乐融融；秋天，山水相映，秋高水阔，澄澈宁静；冬天，湖岸青松头顶白雪，一片银装素裹，分外妖娆。倘有游兴，泛舟湖面，微风吹拂、清香四溢，对弈吟歌、令人心旷神怡，流连忘返；也可以驾一叶扁舟，在偌大的碧绿大毡子上漫游，与鱼儿相戏，与水鸟相伴，则另有一番情趣。野鸭追逐，百鸟翱翔、涟漪层层、白鹤亮翅、群鱼嬉戏，又是一番壮观景象。在湿地园中，人们漫步在小径上，可近距离观赏水生、湿生植物，感受湿地景观的生态美和自然美。

花木繁茂 瓜果飘香

景区林木中针叶林以落叶松、红松、白松、云杉、柏树为主，阔叶林以杨、柳、榆、槐为主。汾河水库林茂水清，古木参天，群山苍郁，鸟语花香。放眼望去，山上苍松、绿柏相间，浓绿嫩黄交错辉映，更有那河边的古柳与槐树的倒影，构成了一幅绝妙的风景山水画。汾河水库景观奇特，野生植物资源也十分丰富，是名副其实的植物园，奇花异草与奇石、白云相映成趣，以其郁郁苍苍为汾河水库风景区增添了无限生机和情趣。果树种类主要包括苹果、梨、桃、葡萄、杏等。野生果树主要有山桃、山杏、酸枣、鸡桑等。此外，灌木中沙棘资源丰富。到了瓜果飘香的季节，农家采摘园有枣、桃、杏、西瓜、葡萄等，花木繁茂、果香怡人，游人可欣赏硕果累累的丰收景象，品尝果实的甘甜，自是分外悠然。

景区以乡土植物为主，适当引种驯化品种，丰富植物景观。以油松、国槐为基调植物，以银杏、火炬树、红叶杨、稠李、玉兰、鸢尾等为特色植物，按照植物群落和景观结构进行植物配置。河边垂柳古槐相间，林中浓绿嫩黄交错，处处如诗，时时如画。汾河水库还生活着成群的野鸡、野鸭、野鸽、野兔、猫头鹰、啄木鸟、杜鹃等各种野生动物。漫步景区林荫路，俯视绿草如茵无边，听水声潺潺不息，闻百鸟婉转鸣啼，恍如世外桃源。

三晋文明 精彩纷呈

汾河是山西第一大河，孕育了灿烂的三晋文明，被称为山西的母亲河。当地有着颇具地方特色的民俗文化，民俗艺术文化活动丰富多彩。

《左传》中记载，台骀是“汾河之神”，不过以现在人们的揣度，台骀应该是上古的英雄人物，他的主要功绩是“宣汾洮，障大泽，处太原”。后晋天福六年，他被封为“昌宁公”。《山西通志》记载，宋朝时，又封台骀为“灵感玄应公，赐额宣济”，真宗祀汾阴，命枢密使祭汾河，官方祭祀台骀成为制度也许就是从这时开始的。后世沿袭，并将日子定在五月初五端午节，此时，台骀庙中便会举行祭祀活动。

娄烦县的民间社火，内容丰富，形式多样。按其形式可分为锣鼓类、秧歌类、车船轿类、阁跷类、灯火类。模拟禽兽类、模拟鬼神类、武技类等。锣鼓类，以节奏强烈明快、场面壮阔粗犷为特点，充分展示了黄土高原人民质朴豪放的气质。每年农历正月十五，各乡各镇都会有社火表演。来风景区参观游览，看上一场社火表演，别有一番滋味。

大坝奇观 旅游胜地

汾河水库水利风景区内有雄伟壮观的拦河大坝、巍然耸立的进水塔和吊桥、蜿蜒伸展的溢洪道、宏伟的水电站。站在大坝观景平台上，举目眺望，坝前碧波浩渺，坝后枝繁叶茂，仿佛一片绿色海洋。水面碧波千顷，独具风姿。游艇渔舟荡漾在绿波之上，人如画中行，山似水上漂。怡人的绿山秀水，与周边别致的楼宇芳亭，以及各类娱乐设施错落有致。

景区内有生态园、垂钓中心、小桥流水、游泳馆、健身房、库史陈列馆、晋水山庄，为游人提供了良好的旅游环境。闲暇时，邀友数人，或泛舟湖面，或漫步林间，或对弈吟歌，或赋诗泼墨，沐浴大自然恩泽，但觉心旷神怡，其乐融融。

汾河水库不仅仅是一个宏伟壮观的水利枢纽工程，也不仅仅是一个鱼禽类的养殖场，它诱人的魅力在于它是隐蔽在黄土丘陵中的一片碧绿的人工湖泊，与这山水融为一体的人文景观，是一个颇值得一游的水利风光旅游胜地，被誉为镶嵌在吕梁山上的璀璨明珠。

走进梦中桃花源

——江西省武宁县武陵岩桃源国家水利风景区

每个人心里都有一个桃花源，就像东晋诗人陶渊明的《桃花源记》中的桃花源一样，美丽安详、与世无争。而如今，这桃花源的所在地武陵岩桃源水利风景区，已经成为让游客连接古今记忆的地方。

武陵岩桃源水利风景区位于江西省北部九江市武宁县东南部杨洲乡境内，与靖安县和永修县毗邻，北依庐山西海，南靠三爪仑国家森林公园。风景区范围东起吴王峰，南至横岩，西到武陵岩，北达杨洲大桥，规划面积约 46 平方千米。

顺流游入桃花源

武陵岩桃源水利风景区内山奇水秀，风景优美。有清澈见底、跌宕起伏的瓜源河，有怪石嶙峋、古木参天的神雾山，有登高远眺七县、千姿百态的武陵岩，有闻名遐迩、香火鼎盛的佛教圣地凤凰山弥陀寺。景区山影叠翠，凝紫流苍，芳草萋萋，青山秀水，置身其中，如同世外桃源、人间仙境般俊秀迷人，让人流连忘返。

瓜源河发源于横岩山北麓扁担坳，由东源、西

源诸水于邢庄汇瓜源港，又汇合罗家滩水于三洪注入庐山西海。瓜源河中有凤凰池、龙王潭、玉女潭、双龟岩、仙人潭、蟾蜍岩等景点。各个景点之间有相同之地，亦有独特之处。池中水安静清冽，潭中水缥碧宜人，直流而下，纯洁活泼。溪水时而缓缓流过，时而从半空中流泻而下，时而叮咚作响，时而卷起旋涡……时动时静，跌宕起伏，谱成了一首动人的水之歌。还有那奇石古树，鸟语花香，霭霭白雾，为瓜源河增添了许多自然野趣。

美丽独特的瓜源河给人们带来了漂流的惊险刺激和欢乐。游人顺水而下，一路风光尽收眼底，流水潺潺，百鸟齐鸣，树茂花香，还有那远处寺庙中的钟声，都如同一顿美景大餐。无论是视觉、嗅觉、触觉还是听觉，都给人以舒适自然的享受。

此外，风景区中还有神雾山、吴王峰、凤凰山和武陵岩等自然山体。素有“小庐山”之称的神雾山上层峰叠岭，举目成趣。山中水清、雾神、石怪、树奇、洞幽、竹秀。原始古朴，云雾腾绕，清新宜人。无论是白龙潭、十八潭、将军瀑的惊心动魄，象鼻石、螺王石、将军岩的栩栩如生，还是通天巷、阴阳合璧、阳举峰的神秘莫测，都可谓山水奇秀，超凡脱俗。风景区还有高峻神秘的吴王峰，青翠欲滴的凤凰山，层峦叠翠的武陵岩。

传奇的人间仙境

武陵岩桃源水利风景区曾名人荟萃，因此古迹甚多。陶渊明、苏轼、黄庭坚、周敦颐、韩琦等历代文人骚客无不被这里奇秀的自然风光所吸引，他们游历乐此不疲，赞美之情跃然诗词中。他们的活动，给武宁留下不少脍炙人口的诗篇，形成一处处富有传奇色彩的人文景观。黄庭坚题的“龙潭清影”“水月双清”和谢枋得题的“龙潭”等石刻具有很高的历史文化价值。相传许真君缚蛟的龙潭，三国时期有关吴王孙权的小乔亭、吴王殿、吴王寨，宋理学家周濂溪讲学的尊贤坊等，都为风景区平添了许多趣味性、娱乐性和可观赏性。

景区中有佛教名胜、千年古刹弥陀寺。杨洲凤凰山弥陀寺，始建于明代，是重要的佛教禅林，在我国香港和东南亚佛教界享有极高声誉，已经成为人们寻求寄托和游赏观光的旅游圣地。当您置身弥陀寺，洗礼晨鼓暮钟，环顾奇峰怪石，亲近澄碧溪水，呼吸清新空气，会情不自禁地感叹：云遮雾挡，鸟语花香，这就是名副其实的世外桃源、人间仙境！无怪乎古人有云："百里芙蓉帐，东南半壁横，倚天连雁阵，拔地耸猿声。水派三源远，乡关一望平，仙津如可问，不愧武陵名。"

当然，如今的桃花源不仅有古人先贤的遗迹，更有当代人的宏伟工程。15.3 千米长的瓜源河，平均宽 22 米，流域面积 128 平方千米。河中设有武陵岩、横岩、张家湾、丁坑四座水电站，气势磅礴，十分壮观。站在大坝上抚今思往，别有一番滋味。

体验新型休闲旅游

整个武陵岩桃源水利风景区分为九个功能区：旅游接待区、水上娱乐区、登山探险区、农家休闲区、禅林静养区、生态培育区、趣味运动区、森林科普区、游览度假区。

九岭桃源谷国际生态度假村、神雾山旅游接待中心作为水利风景区的接待服务中心，设有宾馆、餐饮、游园、停车场、会议接待服务区、医疗保健等设施，为游客提供了成熟完善的配套服务。同时在杨洲乡设有医疗救护机构，安全防护设施齐全有效。

在水利风景区内的九岭桃源谷国际生态度假村和神雾山景区均设置了拓展训练基地。基地内有梅花桩、天梯、空中断桥、攀岩、溜索、空中抓杠、云梯等 20 余个高低空项目，能为企业员工提供"挑战自我，熔炼团队，增强凝聚力"的野外拓展运动。武陵岩"九一四"林业工区，也曾用溜索运送木材，尽除人力扛驮之苦，现在经过改良，发展成惊险刺激的旅游项目。

链接

武陵岩桃源水利风景区位于江西省北部九江市武宁县东南部杨洲乡境内，其北面紧邻庐山西海国家级风景名胜区，南面与靖安县交界，东面邻近永修县，西面是罗坪镇。景区北面有省道 S306 通过，距武宁县城 34 千米，至省城南昌 80 千米。武宁县现有永武高速和大广高速过境，到达南昌、九江、武汉等城市均很便捷。风景区地理区位以及旅游区位优势十分突出，地理坐标为北纬 29° 09′，东经 115° 22′。

武陵岩桃源水利风景区属亚热带季风气候，具有温和湿润、四季分明、雨水充沛、霜期较短、春季温湿、夏季炎热、秋季干燥、冬季阴寒之特点。年平均气温 17℃，年平均降雨量 1511.5 毫米，日照年平均 1635 小时，无霜期 206—297 天。

天生丽质难自弃

——黑龙江省哈尔滨市呼兰富强国家水利风景区

在这里，青草和鲜花的绚丽慢慢地与呼兰河默契地融合一处，在太阳的照射下，绘出一幅柔美的画卷。在哈尔滨市呼兰富强国家水利风景区，随着四季更替而幻化出的雪景、朝霞、余晖、夕照、云海、树挂，美不胜收，撩拨着每一个游客的心。

呼兰富强水利风景区，半岛外外，三面环水，1.8 平方千米的美景总让人看不够，而这都归功于当地优越的自然条件。

流经、环抱呼兰富强景区的是呼兰河。呼兰河是松花江中游左岸的一条大支流，具有典型的东北河流特色，辗转流经松嫩平原东部 13 个市县以后，在哈尔滨以下 4 千米处由左岸注入松花江，整个径流铺展在广阔的平原之上，蜿蜒曲折。

而这平原，尤其是呼兰富强景区所在地，是新华夏系第二沉降带、松嫩沉降带东部隆起区的边缘，地层类型丰富，包括古生界、中生界、新生界，其中新生界第四系松散沉积物遍布全区域，地层多被其覆盖。

踩在伴着小石子的沙滩上驻足远望，一片一片的积水沼泽和草甸像是没个尽头，总是在远处的远

处延伸。偶尔，天边会飞来一群灰鹤，全体灰色，头顶裸出部分红色，两颊至颈侧灰白色，而喉、前颈和后颈是黑色的，点缀在蓝色天空。而东方白鹳、丹顶鹤、大天鹅、白枕鹤等国家珍稀保护动物也时有光顾，鹳飞鹤舞，一派原生态的壮美风光。

天空鸟飞翔，水底鱼遨游。呼兰河的特有品种七星鱼、北方淡水名鱼三花中的鳊花和鲫花、著名的淡水白虾、河鲅等潜藏在水中，给河水带来了活力，完全是天然的绿色美餐。

俯瞰呼兰富强景区，这繁华大都市旁边的一抹原始景色，令人心醉。呼兰河两岸水草丰美，植被茂盛，湿地沼泽密布，野生禽鸟和淡水鱼类种类繁多，四季变化，景色各异。

远观景区，河流环绕半岛，草甸、湿地等不同植被群落自然融合，河流水域面积宽阔，两岸植被繁茂，野生禽鸟常年栖息，复合生态系统完整，不愧是人们休闲、旅游、度假、养生的理想场所。

链 接

黑龙江省哈尔滨市呼兰富强国家水利风景区位于松花江哈尔滨段的北部，呼兰河上中游区段，南起哈绥公路呼兰河大桥，北至呼兰区富强村，西北与呼兰区白旗村接壤，西侧以新改河道为界，东与呼兰区富强村南北路为邻。

呼兰富强国家水利风景区处在偏高的纬度地带，属于寒温带大陆性季风气候。年平均气温 3.3℃，年平均降水量 505.4 毫米。

该项目规划分为三期建设，5 年完成。其中第一期，2011—2012 年主要完成风景区内的基础设施建设，含水域规划建设、护岸规划建设、栈桥规划建设和道路建设以及部分国际木屋别墅的建设；第二期 2012 年—2014 年，完成生态农业国际木屋别墅展示区、国际记者 VIP 俱乐部、绿色食品综合体验中心、中医推拿养生会馆等主要功能区的建设；第三期 2014 年—2015 年，完成风景区内休闲旅游、风力发电、服务设施、生态保护、种植规划以及餐饮服务、电子商务、通信等所有配套设施及辅助设施的建设。